Publicidad Modernidad Hegemonía

Eliseo R. Colón

Publicidad Modernidad Hegemonía

Editorial de la Universidad
de Puerto Rico

Primera edición, 1996

Catalogación de la Biblioteca del Congreso
Library of Congress Cataloging-in-Publication Data
ISBN 0-8477-0235-9

Tipografía: Iván Quiñones Rosado
Diseño de portada: Walter Torres
Foto del autor: Carlos Llovet
Ilustraciones pp. 30, 48, 123 sacadas de la revista *Mundial* VII. 38 (Junio, 1914): XXIV, XI, y XXVIII respectivamente.

Impreso en los Estados Unidos de América
Printed in the United States of America

EDITORIAL DE LA UNIVERSIDAD DE PUERTO RICO
PO Box 23322
San Juan, Puerto Rico 00931-3322

Administración: Tel. (809) 250-0550 Fax (809) 753-9116
Dpto. de Ventas: Tel. (809) 758-8345 Fax (809) 751-8785

Contenido

Prólogo

Frecuentemente se identifica el devenir de la modernidad con el desleimiento de lo sensible y lo cualitativo, con la institución de un modo "simbólico" de la semiosis —en la acepción de Peirce— en el que el sentido absorbe y usurpa lo sentido. Según esa perspectiva, los aspectos sensibles-cualitativos de la experiencia y los vínculos fusionales de la vida comunitaria declinan, respectivamente, ante el acoso de la formalización-cuantificación y la contractualidad-funcionalidad del lazo social (y del lenguaje) exigidos por el desarrollo del capitalismo.

Pero si el "imperio del sentido" toma el relevo del imperio de los sentidos, si lo sensible se evapora en beneficio del signo, su doble representativo, entonces la semiótica es la ontología del capitalismo. Y sólo desde la semiótica, mejor dicho, desde una semiótica descentrada, reflexivamente alterada, un tanto cimarrona, será posible deconstruir lo que se da en llamar, por tacañería con el sufijo de pluralidad, la racionalidad moderna.

Desde esa perspectiva (neo-trans-post) semiótica Eliseo R. Colón blande la menuda escobilla del arqueólogo cultural. Para ir desvelando qué y cómo pinta el discurso publicitario en la racionalización del capitalismo.

***

Pero volvamos atrás, ahora decididamente en contra de esa tesis que identifica la modernidad con la represión de los "estético" (en el sentido de la aisthesis, la experiencia sensible, en-carnada, in-corporada). En contra, porque la modernidad es múltiple y paradójica, y porque no se deja comprender en la negatividad descarnada de lo "represivo". Es claro que la constitución de la Ley –formal, simbólica– de la modernidad reclamaba una cierta des-estetización de la experiencia correlativa a la des-territorialización (o des-comunitarización) de lo social. Pero la imposición de esa Ley no puede consumarse sin un movimiento positivo, complementario, compensatorio de aquellos despojamientos. Así lo estético se resemantiza (como discurso autónomo de lo artístico), así el discurso de la comunicación recodifica el vínculo social declinante, etc.

La modernidad no es, en suma, la Razón contra lo sensible, sino más bien un modo de racionalización de lo sensible, una política de la sensibilidad.

Walter Benjamin intuyó genialmente una de las mayores paradojas estéticas de la modernidad: la producción y el consumo capitalista le imponen a la experiencia moderna la condición del "choque", del asalto traumático al sistema sinestésico de los sujetos. Pero la propia estabilidad del capitalismo se ve amenazada por ello y la anestesia, la inhibición de la sensibilidad, aparece entonces como un requerimiento sistémico. La Ley moderna rige, pues, a condición de su atenuación estética, pero a condición también de haber sido inscrita (como Eliseo R. Colón cita de Rousseau) "en el corazón de los ciudadanos". Y mediante inscripción traumática, lacerante, como Kafka supo contar mejor que nadie: En la colonia penitenciaria proporciona la mejor expresión narrativa de la paradójica inscripción (más que prescripción, pese al ensayo de Lyotard sobre el relato kafkiano) moderna, Inscripción cruel, cruenta, estética en suma, por cuya mediación la Ley alcanza su Legibilidad: en el relato una máquina de tortura desgarra con sus punzones la carne del condenado, siguiendo el plan tortuoso, ilegible, de un dispositivo "diseñador"; el condenado desconoce previamente la sentencia; como el oficial de la colonia explica, tendrá ocasión de conocerla en carne propia. Las dos dimensiones de la Ley (su legalidad-legitimidad y su logicidad-lectalidad-legibilidad) no se conectan, pues inmediatamente. La instancia mediadora es el cuerpo ciudadano, sacrificado y positivado por la propia operación mediadora.

(Podríamos leer ahora el cuerpo del consumidor atravesado por los discursos técnicos y metodológicos de las modas indumentarias, higiénicas, dietéticas, eróticas... es decir ¡por el discurso de la publicidad! Podríamos leer la profecía teológica de la resurrección de la carne transcrita como utopía ¡publicitaria!).

Pero la "terceridad" simbólica de la modernidad no debe entenderse como mediación que arbitra téminos preexistentes. Por ejemplo, en el proceso psicogenético moderno la interiorización de las pasiones no es el resultado de un "nuevo" modo de mediación entre la pulsión y el orden colectivo. Es en la mediación donde aparecen a la vez lo pulsional y el orden público: el ello freudiano es tan moderno como el superyó o el sentido común; el instinto, tan moderno como la sociedad civil. El "ello" y los "instintos" no son, pues, lo reprimido por la modernidad sino productos de la modernidad y de su Razón.

***

Eliseo R. Colón nos convence: la construcción del discurso publicitario desempeña un papel central en la constitución racional del capitalismo. El análisis se remonta a Lessing, cuya poética legitima por anticipado las prácticas de la producción textual que serán características de la cultura de masas en general y de la publicidad en particular. Colón destaca el desplazamiento que Lessing efectúa desde una concepción retórica de la persuasión a una concepción de la influencia centrada en los mecanismos receptivo-cognitivos de la experiencia espacio-temporal.

El deplazamiento lessinguiano hará posible un nuevo marco de representación, producción discursiva e intervención técnica: el de la psicología funcionalista, el de los discursos evangélico-científicos de la moderna ciencia publicitaria, el pragmatismo de Dewey y su legitimación académica de la publicidad...

La escobilla de Colón no rehuye los recovecos, los pliegues más finos: por ejemplo, cuando aplica modelos narrativos de Bajtin a la indagación de las narrativas publicitarias; por ejemplo en sus observaciones sobre la publicidad como "literatura menor".

Acostumbrados como estamos a esos manuales de publicidad que se limitan a reproducir homológicamente la operación publicitaria (en su episteme, en su legibilidad, en sus fuentes de legitimidad narrativa), el estudio de Eliseo R. Colón nos sorprende por creatividad, por su capacidad de poner en juego un discurso de "contrariedad" (en el sentido mas puramente aristotélico de la "dialéctica": saber de lo contrario) al discurso hegemónico de y sobre la publicidad. Incluso cuando en su misma construcción (qué intertextos tan inexplicablemente apropiados: ¿Petrarca "cerca de" Dewey?) recrea para-dóxicamente las prácticas textuales de la polifonía mediática.

Gonzalo Abril
Universidad Complutense, Madrid

Introducción

...porque sin duda vuestro gesto se nos asienta mucho, y os quedamos aficionados en la misma hora los que os vemos, no embargante que sois muy delicado en las faciones; pero mostráis en vuestra cara una buena gravedad de hombre, y por otra parte parecéis dulce. Esta calidad es muy buena y suélese hallar en muchas y diversas formas de rostros, y, en fin, es tal cual yo la querría para nuestro Cortesano.

Baltasar Castiglioni
El Cortesano, (1528)
(Juan Boscán, trad.)

CASI TODA DISCUSIÓN de las nuevas categorías culturales, producto del nuevo orden capitalista multinacional, debe centrarse en el papel de los *media* como dispositivos con el poder de reorientar la experiencia semiótica que nos lleva a funcionar dentro de una nueva fase del capitalismo. Esta experiencia, que está relacionada con la representación del llamado nuevo orden, se da a través de la organización de redes de información y de comunicación. A la experiencia vital que ofrece este nuevo orden se la ha llamado condición postmoderna. Para

Ernest Mandel (1979) ésta es la fase del capital monopolístico o de las corporaciones multinacionales; mientras que para David Harvey (1989) se trata de la era de la acumulación flexible del capital. La incapacidad para armar un modelo operativo que nos permita representar este nuevo estadio del capitalismo en sus fases internacional y de renovación tecnológica, ha llevado a definir la producción textual de los *mass media* como "simulacros". La metáfora del *network* sirve de ejemplo para presentar, tanto en la informática como en el mundo corporativo, esquemas representacionales del nuevo espacio multinacional del capitalismo.

En un intento de construir *el modelo operativo* para representar este nuevo espacio, se ha pasado de una teorización sobre la producción textual a una teoría de la recepción. Es precisamente el análisis de la recepción el que nos permite desarrollar un esquema representacional de este nuevo espacio del capital a partir de los recorridos congoscitivos que de la producción textual de los media hacen los usuarios y consumidores. Sin embargo, la relación producción/recepción textual no presenta polos excluyentes, sino una relación dialéctica, en la medida en que esta última se estructura y es estructurada dentro del universo simbólico que permite la percepción social. Desde esta perspectiva, la relación producción/recepción textual se nos muestra como el esquema organizativo de un proyecto cultural. Vista así, la producción/recepción de los textos de los media, en su lucha simbólica por la producción de sentido, constituye un intento por legitimar la percepción que exige el nuevo espacio del capitalismo internacional. Como parte de un proyecto cultural, lo que encontramos en los textos de los *media* son propuestas que pretenden fijar un tipo de subjetividad.

Mi propósito en este libro es estudiar la publicidad como una propuesta textual que forma parte de un proyecto cultural cuyas pretensiones son las de legitimar un particular tipo de subjetividad. La tesis manifiesta en estas páginas propone que el desarrollo de la publicidad está estrechamente vinculado a la puesta en marcha del proyecto de la modernidad europea, y señala, además, cómo sólo desde esta perspectiva podemos entender el papel protagonista que juega este proyecto en las sociedades contemporáneas. La lectura de la publicidad la haré a partir del canon publicitario, es decir, a partir de aquellos textos fundacionales que legitimaron las prácticas publicitarias actuales. El recorrido inicial me llevará a través de tres prácticas culturales: la estética, la psicología y la narrativa. Este recorrido me permitirá mostrar que la producción/recepción de la propuesta textual publicitaria ha servido para propiciar el desarrollo del capitalismo en sus diversas fases.

La organización de este estudio colocará el desarrollo del discurso publicitario en el entrecruzamiento de la estética, la psicología y la narrativa. El primer capítulo servirá para ubicar el discurso publicitario dentro del proyecto cultural de la burguesía europea. Se confrontará la propuesta del canon publicitario de una forma de recepción hegemónica con el canon estético propuesto por Gotthold Ephrain Lessing en su *Laocoonte o sobre las fronteras de la poesía y la pintura*, y así igualmente con la tipología narrativa propuesta por Mijail Bajtín en su estudio sobre la narrativa europea que se constituyó a partir del siglo diecisiete. En el segundo capítulo se discutirá el vínculo entre la estética y la psicología del proyecto burgués europeo y el desarrollo de la publicidad. Llevaré a cabo esto mostrando la relación entre el proyecto cultural de la modernidad propuesto por John Dewey en Estados Unidos, su psicología funcional y la formación del canon publicitario. En el tercer capítulo dialogaré con la apología que hace George French de la publicidad en su libro *Advertising: The Social and Economic Problem*, publicado en 1915 por la Ronald Press Company de Nueva York. Además, proseguiré con el interrogatorio de los otros dos textos fundacionales que, junto al de French, constituyen el canon publicitario, a saber: *Advertising and its Mental Laws*, de Henry Foster Adams, publicado por la editorial Macmillan de Nueva York en 1916; y, *Advertising Its Principles and Practice* de Tipper, Hollingworth, Hotchkiss y Parsons, publicado en 1915 por la Ronald Press Company de Nueva York.

Nuestra lectura de estos tres textos pretende mostrar cómo el concepto actual de la publicidad se ata, primero, al desarrollo de la teoría de los sentidos y de la percepción que sirvió de base para la puesta en marcha del proyecto cultural burgués de tipo industrial y, segundo, al repertorio de signos narrativos que se perfilaron a partir del siglo XVII con el desarrollo del capitalismo industrial. Estos signos corresponden a una ideología, y constituyen una forma de hablar, y una forma de representación específica.

Publicidad y proyecto cultural burgués

> C'etait pour lui qu'elle se limait les ongles avec un soin de ciseleur, et qu'il n'y avait jamais assez de "cold-cream" sur sa peau, ni de patchouli dans ses mouchoirs. Elle se chargeait de bracelets, de bagues, de colliers. Quand il devait venir, elle emplissait de roses ses deux grands vases de verre bleu, et disposait son appartement et sa personne comme une courtisane qui attend un prince.
>
> Gustave Flaubert.
> *Madame Bovary* (1857)

El tema de este libro es la publicidad. Sin embargo, cabe precisar al lector que mi propósito es estudiar la publicidad como un discurso narrativo que nace de la fisura abierta en el momento en que, como señala Foucault (1968) al hablar del umbral de la modernidad, "se constituyó un duplicado empírico-trascendental al que se dio el nombre de hombre" (310). Desde esta perspectiva, podemos afirmar que la publicidad se nos presenta como una narrativa atravesada por las tensiones de este discurso de la modernidad. El mismo propone la transparencia empírica de unos sujetos cuyas condiciones históricas, sociales y económicas son objeto de un análisis de tipo positivista y, por otro, se apropia de la opacidad trascendental de un discurso de los sentidos, de formas de recepción, o sea, se trata de un discurso estético.

El análisis crítico de la publicidad tiene una larga trayectoria y, no cabe duda, según se desprende de estos estudios, guarda una estrecha relación con los proyectos hegemónicos del capitalismo industrial. Propongo un acercamiento a la publicidad que permita entender el papel de primacía que ésta desempeña para mantener los mecanismos de hegemonía política del capitalismo mundial. Si como nos dice Gillian Dyer (1982), "la publicidad es el arte oficial de las naciones altamente industrializadas de Occidente",(1) nos encontramos ante una forma discursiva que nace de un proyecto cultural específico, y desde esta perspectiva propongo su estudio. Como veremos más adelante, la publicidad nace del proyecto cultural capitalista que legitimó a la burguesía europea a partir del siglo XVIII. Mi análisis de ella pretende mostrar uno de los dispositivos que han permitido la formación de una nueva subjetividad humana. La formación de esta nueva subjetividad permite a Jean François Lyotard (1984), al hablar de los lazos sociales en las llamadas sociedades postindustriales, decir que "las funciones de regulación y, por tanto, de reproducción, se les quitan y se les quitarán más y más a los administradores y serán confiadas a autómatas" (35). Ello evoca, por otro lado, lo que Rousseau llamó en el siglo XVIII, en *El Contrato Social*, la más importante de todas las leyes al describir su proyecto hegemónico:

> A estas tres clases de leyes, se une una cuarta, la más importante de todas; que no se graba ni sobre el mármol ni sobre el bronce, sino en *los corazones* de los ciudadanos; que forma la verdadera constitución del Estado; que adquiere todos los días nuevas fuerzas; que cuando las demás leyes envejecen o se extinguen, las reanima o las suple, conserva un pueblo en el espíritu de su institución y sustituye insensiblemente la fuerza del hábito por la de la autoridad. Hablo de las costumbres, de los usos, y sobre todo de la opinión; parte desconocida de nuestros políticos, pero de la que depende el éxito de todas las demás (60-61).

La publicidad ha sido uno de los discursos narrativos que ha ayudado a la formación de esa subjetividad a la que Rousseau se refiere cuando habla de una ley "que no se graba ni sobre el mármol ni sobre bronce, sino en los corazones de los ciudadanos". Esto no es otra cosa que la subjetividad del hombre moderno; y, si ampliamos el postulado de Lyotard (28), es el discurso narrativo que permite las jugadas del lenguaje de que está hecho el lazo social postmoderno. Sobre este último punto cabe añadir que, David Harvey (1989) ha descrito el papel importante que durante las últimas dos décadas ha desempeñado la publicidad, como discurso hegemónico, capaz de reorientar la experiencia semiótica de los individuos. Para este autor, la construcción de un nuevo sistema de signos se debe a que las transformaciones de los sistemas financieros globales a partir de 1973 han tenido tal impacto que han modificado las prácticas políticas y económicas, el balance de la lucha de clases, y la vida social y cultural (284-307).

Si retomamos las citas de Rousseau y Lyotard, veremos que no ha sido fortuito que las haya utilizado aquí para referirme al papel que ha tenido la publicidad en el desarrollo de la subjetividad moderna. La cita de Lyotard se refiere a la subjetividad humana en lo que él describe como la condición postmoderna. Por otro lado, Rousseau articula uno de los postulados centrales de la temprana sociedad burguesa, eje central de la modernidad europea. La incipiente sociedad burguesa del siglo dieciocho necesitó de unos mecanismos que permitieran un gobierno basado en el *consentimiento* de unos individuos cuya actividad económica requería un alto grado de autonomía, y no de su coerción. Por ello, "al igual que la obra de arte definida por medio del discurso estético, el sujeto burgués es autónomo y se determina a sí mismo, no sólo reconoce una ley extrínseca sino que, de una forma misteriosa, se la autoimpone. Al hacer esto, la ley se convierte en el ente que moldea, en una unidad armoniosa, el contenido turbulento de las inclinaciones y apetitos del sujeto" (Eagleton 23).

La publicidad, según la conocemos hoy, es producto de la crisis del capitalismo de 1848. Esta crisis trajo consigo unas transformaciones en la economía capitalista que provocaron ajustes en sus formas de operar. Un reajuste en la política crediticia y el surgimiento de los mercados monetarios y bursátiles produjeron cambios en las formas de producción y distribución que permitieron la circulación masiva de toda una gama de productos de consumo. Todos estos cambios producidos por la crisis capitalista de 1848 provocaron, a su vez, una crisis de los sistemas de representación, debido a la transformación operada en la noción tradicional de tiempo y espacio. Ni la literatura ni el arte podían evadir el cuestionamiento de la internacionalización, sincronización, inseguridad temporal y tensión interna del sistema financiero (Harvey 262). La publicidad respondió a esta crisis proporcionando los mecanismos para el desarrollo de una cultura de mercado que lograría la estabilización del sistema financiero. A partir de 1850, los mercados fomentaron un tipo de competencia que obligó finalmente a las compañías y a los manufactureros a buscar tácticas de más empuje para lograr sus ventas. Dos décadas más tarde, en 1870, comenzaría el desarrollo de la publicidad moderna en Estados Unidos. Habermas (1986, orig. pub. 1962) señala al respecto:

> Por mucho que la propaganda comercial -por vez primera conceptuada como "reclamo" en la Francia de 1820- nos parezca hoy un ingrediente natural de la economía de mercado, es en realidad un fenómeno característico del capitalismo avanzado; consigue, en efecto, una magnitud relevante sólo con los procesos de concentración del capitalismo industrial en la segunda mitad del siglo XIX (217).

La publicidad se reorientó en todos los mercados durante la segunda mitad del siglo XIX. Esta transformación que se operó en ella quedó evidenciada por el hecho de que ya no era suficiente anunciar la mercancía de los barcos que llegaban a los diferentes puertos, ni dirigirse únicamente a los clientes de los *coffee houses*; podemos decir que el capitalismo había llegado a su madurez. A partir de la crisis capitalista de 1848, la publicidad y los demás productos culturales tuvieron que buscar la forma de responder a los nuevos contextos económicos y políticos. Los diversos mercados exponían sus productos en las Exposiciones Universales de Londres (1851, 1862 y 1871), Dublín (1853), Nueva York (1853), París

Año I. **Ponce, Abril 27 de 1873.** **Número 2.**

DON SEVERO CANTA-CLARO.

PERIODICO SATIRICO-POLITICO Y DE ANUNCIOS.

SE PUBLICA TODOS LOS JUEVES.

Precio de suscricion, 12 rls. trimestre.
Las suscriciones empiezan los dias 15 de cada mes.
Pago adelantado.

Director-Editor, Mario Bruschi.

Se admiten suscriciones en la librería de *Manuel Lopez.*

Se admiten anuncios á razon de 6 líneas por 3 veces en 4 rls, las que excedan á cinco centavos la línea.

CON UN PALMO DE NARICES.

Vamos á ver, ¿que han hecho Ustedes señores del *isme*, Ustedes los del *patriotismo*, del *integrismo*, del *incondicionalismo* y del *mambisismo*, despues de todos sus Centros, Ligas y patrioterías contra la libertad en la Metrópoli y las reformas de esta tierra donde Ustedes han podido elevarse á *potencias*!

Vamos á ver, ¿qué han conseguido con todas sus máquinas infernales y el inmundo baboo de sus órganos como "El Debate" y otros de cuyos nombres no quiero acordarme!

Nada, señores, nada. Ustedes han trabajado para nosotros.—Ese es el castigo que el Dios de la justicia les ha impuesto, estándoles muy bien empleado. A todo cuanto Ustedes le han echado su ojo bizco, se les ha *trasconejado*.

[illegible] Ustedes [illegible] fechos, tan orondos con la célebre Dª Isabelita, la de la rosa de oro del Santísimo Padre Mastai Ferratti, y......patapuf, cae su adorado ídolo con la Revolucion de Setiembre, viéndose á Ustedes dando mil lástimas, porque semejante augurio les indicaba que las cosas habian de tomar otro rumbo, y que el presupuesto, los privilegios, el favoritismo y otras inmundicias, se les escapaban de las manos.

Luego se encariñan con el Sr. Sagasta el del tupé; ven Ustedes en el tal bilioso Presidente del Ministerio el sostenedor de sus *entuertos*, el ángel tutelar de sus aspiraciones de *chupar* y *esprimir* á las clases que llaman Ustedes *inconcientes*, *insubordinadas*, *descarriadas* y que se yo que mas motes les dan Uds., y llevan á cabo unas elecciones á medida de sus deseos. En España sus camaradas con el Presidente de la *macana* á su frente, hacen ochenta mil pernetas contra el sufragio para sacar de Diputados á sus compinches.

Encarcelan, dan garrotazos, abofetean y escupen la Ley; los Centros trabajan de comun acuerdo con el del tupé, y allá van cuartos y mas cuartos, de Puerto-Rico unos, de la Metrópoli, otros para hacerse de una representacion *legítima del pais*.—Al cojo Llorente lo destinan para Mayaguez, al sabio General Sanz, el que tan *dulces y agradables* recuerdos nos dejó de su mando, le regalan el distrito de la Capital.—El meloso Sr. Pulido, callado como un muerto de puro marrullero, se encarga de arreglar por su parte el *cotarro electoral* de aquí, de manera que el Sr. Sagasta se convenciese de que el era todo un hombron de tomo y lomo que entendia mucho de achaques de sufragio violento

En efecto, nuestro Pulido Gobernador pone en juego sus habilidades, siempre calladito, siempre agradable y melosillo como una malva.

He aquí lo que ordena:

La Guadiana á tal parte á votar.—No se aumenten las listas de votantes. La tropa y todo el elemento oficial que voten con espíritu eminentemente Español. Oficios á los Alcaldes cambiados espresamente con la debida anticipacion para que el programa saliese derecho, encargándoles los candidatos Españoles como si los demas no lo fueran. Obstáculos lo mas posible á los votantes reformistas. Ultimamente á la cárcel algunos de Mayaguez, otros de San German y otros y otros, hasta que al fin, concluyen las elecciones, y el Sr. Pulido nos da á los reformistas el gran *camelo del siglo*!!

Triunfo casi completo de los conservadores. Todos los que en la lista llevan una E. mayúscula, son los dueños de la situacion.

En Caguas pasea triunfante el candidato .. entre ramas de palma. Dicque echaba cada discurso que desde un [illegible] trascendía á inquisicion. Los *incon*[illegible] casi locos de [illegible]

Oh! que triunfo, que victoria! Fué un gran dia!!

* * *

¡Y bien y que Señores de[illegible] *conserrismo*!

¡Que sucedió despues de tantos tramoyas, despues de tanto relajo electoral, despues de todas sus victorias y la solemne proclamacion hecha por el *Mercantilisimo* de que el partido conservador era legalmente la espresion del pais!

Que sucedió! Decidlo. [illegible] posible que tengais rubor, vosotros, hombres tan fuertes, tan duros como el estuco! Vosotros tan religiosos, tan santos, temeis hacer una *confesion*!

Sucedió, pues, que tambien vuestro ojo bizco en esa ocasion, lo echó todo á perder. Ninguno de vuestros Diputados hechos á *hacha* y *martillo*, lograron pintaros en la Asamblea como caribes antropófagos enemigos de España y conspiradores; porque cayó vuestro ángel Sagasta, envuelto entre transferencias de algunos milloncejos y otros enredillos del oficio de Ministro.

De todo esto resultó que trabajasteis para nosotros, porque vino Ruiz Zorrilla á aplastaros y á servir *de valde* nuestra causa justísima.

* * *

Tambien el Rey Amadeo os principiaba á gustar. Creiais en vuestros adentros que como Rey al fin, habia de acomodarse á vuestras ideas, á vuestro sistema deteriorado, viejo y carcomido, á vuestro modo de entender el *progreso*, y bien ¡que os volvió á suceder, almas de cántaro! ¡Qué os tenian reservado los hechos!

¡Qué triunfos conseguisteis con la liga que siempre llamamos *negra*!

Nada, una bicoca. Vuestro ojo bizco lo hizo saltar del mullido trono, y se escapó á todo correr para el *suo paise*, echando mil *Corpos di Baco* contra todos vosotros, dejandoos qué!

El culebron que os está devorando, nada menos que la República!!

Si señores, la augusta matrona del gorro frigio!

¡Qué no os gusta y que protestais contra el *consumatus est*!

Eso ya lo sabia yo y por eso salto de contento.

Lo cierto es que vuestros negritos ya son libres; lo cierto es que tendreis que pagarles si quereis que os saquen el jugo de las cañas; lo cierto es que ya no teneis ciertos privilegios irritantes; lo cierto es que tendrán voto los que tengan 21 años y sepan leer y escribir; lo cierto es que las reformas van viniendo y que nosotros los ultra reformistas como nos llamais, os hemos ganado el pleito; lo cierto es que, despues del dinero que habeis gastado, las vueltas y revueltas que habeis dado, las luchas que habeis sostenido casi á mano armada, os habeis quedado con un PALMO DE NARICES!!

Severo Canta-claro.

A NUESTROS ANTIPODAS.

Sres. antípodas.....no los que están al otro estremo del diámetro terrestre, no, nuestros antípodas de acá, los que vivis en la misma casa que nosotros los que somos vecinos.....¡ea!....quieren oir Uds. una palabra, una palabra no se le niega á nadie.....y.. en este tiempo de concesiones mucho menos.

Ademas que no hacerme ese pequeño favor, vamos á romper pajitas, y luego tendremos que acudir al *Boletin* y al *Progreso* para que nos dicten las condiciones de un pacto honroso y amistoso y cariñoso (y todo cuanto acabe en oso).

¡Qué quieren Uds, este *Progreso* es lo mas babieca. Le dan un varapalo que lo descoyuntan, contesta un tanto agridulce, y su contrincante pone el grito en el cielo; se apela á la caballerosidad, á la generosidad, se dan las manos, y si es necesario hasta llora de emocion, diciendo luego: "este *Boletin* es un buen chico, verdad es que todavia tengo unos cuantos cardenales, pero ya pasarán ¡el pobre,! el no tiene la culpa," y el otro entre burlon y enojado dice para su capote. "valiente porrazo te arrimé, y tras el porrazo el camelo II.

Pero van á decir que yo alzo la tea de la discordia......no, no, y ahora que vendria tan bien una *conciliacion*, [palabra que no comprendo sino cuando no dan lo que pido, porque si no ¡para qué!]

Ahora que llega el tiempo de las evoluciones; ahora que van á estar en moda las pases de "se abren mis ojos á la luz de la verdad" de "cagado por el encono de ambos partidos."

—(*Nota.—Partido.—Nombre que se aplica á ambas fuerzas militantes y que yo no admito no señor, no; ellas son los partidos, nosotros los partientes.*)

Ahora que......van á pasar muchas, muchísimas cosas y que habrá muchas, muchísimas que no pasen. No es verdad Sres. antípodas!

Porque francamente eso de la República á Uds. no les ha pasado.

ANUNCIOS.

EDICTO.

ESCRIBANÍA PÚBLICA DE PARRA.

En el espediente formado por Don Gabriel Gonzales Zabala, de esta vecindad, Curador ad-bona de los menores Rosa y Alejandrina Gallegos, solicitando autorizacion para la venta de una estancia en donde tienen su haber hereditario las mismas, se ha dispuesto por el Sr. Alcalde Mayor de esta villa y su Partido, sacar á la subasta pública la indicada estancia que radica en el barrio de Magueyes de esta jurisdiccion, y se compone de ciento y mas cuerdas de terreno, todo de pastos, colindando á Poniente la sucesion de José Bonaparte. Saliente D. Pedro de Santiago y D. Francisco Fortier, por el Norte con los mismos, Hermanos Auffant y terrenos de la Hadienda Catalana, justipreciada en la suma de dos mil pesos moneda corriente, habiéndose hecho por Don Juan Bautista Chardon 2º la proposicion de pagar la suma de dos mil quinientos pesos pagaderos en la forma siguiente: á la sucesion Farnalleras reconocerá con hipoteca los quinientos pesos que se le adeudan para ser pagados mitad en Abril del año actual y la otra mitad en igual mes de mil ochocientos setenta y cuatro: con el correspondiente interés que consta ya de la obligacion hipotecaria: á los menores Rosa y Alejandrina Gallegos su haber hereditario en proporcion á lo adjudicado en su cartilla ó hijuela y á dos mil pesos que es el resto de la oferta, con sus rentas mensuales al uno por ciento, llegado que sea cualquiera de los casos de la ley, y por último á los herederos mayores su haber tambien en proporcion mitad de contado y la otra á un año de plazo sin interes. Y se anuncia al público por medio del presente edicto, á fin de que se presente el que quiera á hacer postura, bien entendido que no se admitirá menor á la tasacion y se señala para el acto de la subasta el dia veinte y uno de Abril entrante á las dos de su tarde y local que ocupa el Juzgado. Ponce y Marzo veinte y uno de mil ochocientos setenta y tres.—Francisco Parra.

Don Manuel Vidal y Gonzalez, Alcalde Mayor del partido judicial de Ponce.

Al público hago saber: que en la quiebra de Pedro Cabañas é hijo, se ha dispuesto por auto de esta fecha sacar nuevamente á pública subasta, una casa de alto y bajo de mamposteria, con sus dependencias, situada en la calle del Comercio esquina á la de los Jardines en la poblacion de Guayama, retazada en la suma de siete mil setecientas pesetas, y ademas los créditos activos pertenecientes á dicha quiebra, que montan á doce mil setenta y seis pesos setenta y nueve centavos que constan en los libros que existen en poder del Depositario. Señalándose para que tenga efecto tal acto el dia veinte y ocho de Abril próximo, simultáneamente en este Juzgado y en el de Guayama á la una de su tarde.—Ponce y Marzo 31 de 1873.—Manuel Vidal y Gonzalez.—Por su mandado.—Joaquin Mayoral.

Al público hago saber: que en el concurso voluntario de D. Lino Toro, se ha dispuesto por auto de este dia convocar á junta general de acreedores para el nombramiento de Síndicos cuyo acto tendrá lugar en la sala de Audiencia de este Juzgado el dia veinte y seis del corriente á las nueve de su mañana, citándose por medio de este edicto á los acreedores que no se han presentado dentro del término que al efecto se señaló, previniéndose que solo podrán concurrir á la espresada junta los que hayan presentado los títulos de sus créditos y los que los presenten en el acto de la junta.—Ponce, Abril cuatro de mil ochocientos setenta y tres.—Manuel Vidal y Gonzalez.—Por su mandado.—Joaquin Mayoral.

Aviso al público.

En observancia de lo dispuesto por el Sr. Inspector General de Obras públicas de esta Provincia, se hace notorio que por término de treinta dias improrrogables, existe de manifiesto en la Secretaria de este municipio la instancia que ha promovido D. Tomas Agostini solicitando el aprovechamiento de aguas, invernales, primaverales y torrenciales de Rio "Bucaná" con destino al riego de su hacienda "Rescate", radicada en esta jurisdiccion, en cuyo plazo se admitirán las reclamaciones y oposiciones de los que se crean perjudicados.

Ponce 3 de Abril de 1873.

El Corregidor—Juan Cortada.

Don Manuel Vidal y Gonzalez Alcalde Mayor propietario del Partido.

Hago saber: que por consecuencia de un exhorto del Juzgado de San German, espedido en los autos ordinarios seguidos por [illegible] liberta contra Don Ramon Marquez en cobro de escudos se han mandado sacar á pública subasta varios bienes embargados á José María Ramirez, los cuales y tazacion son los siguientes:

Cuatro cuerdas pasto de mala calidad á $25	$ 100
Ocho id. terreno cascajal, inútil por las inundaciones del rio ("[illegible]nabon")	96
Un rancho de malas maderas, casi inservible y abandonada por ser inhabitable á causa de que cuando crece el rio es peligroso vivir en él, por que todo el terreno inmediato se inunda	20
Total.	$ 216

Y habiéndose señalado para la subasta el dia doce de Mayo próximo, se anuncia para la concurrencia de licitadores.—Ponce, Abril 16 de 1873.—Menuel Vidal y Gonzalez.—Por su mandado.—Joaquin Mayoral.

Don Antonio E. Molina Juez de Paz de la villa de Ponce.

Hago saber: que en el espediente de juicio verbal seguido por *D. Francisco Franceschi*, contra D. Eduardo Conesa, en cobro de pesos, se ha dispuesto la venta en pública subasta de varios muebles embargados al último, que existen en depósito, y han sido tasados en 152 pesos, cuyo acto tendrá lugar en este Juzgado á las dos de la tarde del lúnes cinco de Mayo entrante lo que se hace notorio para concurrencia de licitadores.—Ponce y Abril veinte y dos de mil ochocientos setenta y tres.—Antonio E. Molina.—Por su mandado. Manuel de J. Morel.

A LOS HACENDADOS.

El artesano que suscribe, en sus afanadas tareas descubrió mejorar el actual rastrillo que se usa en las baterias de elaboracion de azúcar para desborrar. Dicha mejora dá en beneficio del hacendado una economia, que al fijarse en ella, todo hacendado que estime sus intereses le dará el mérito instantaneamente se recocerá.

Las personas que deseen usar dicho rastrillo lo pueden obtener á un precio mas que barato, comparativamente á los beneficios que reporta.

Varias haciendas de estos contornos lo tienen persuadidos de sus ventajas. Las esperiencias que hasta ahora se ha hecho con este nuevo rastrillo, son tan concluyentes, que su constructor tiene especial complacencia en darlos á prueba. Los Sres. que quieran experimentarlos pueden enviar la medida exacta del que actualmente usar, y en en el acto se le facilitará otro del nuevo sistema, por un tiempo conveniente para que puedan conocer sus ventajas.

Se fabrican por el que suscribe en la calle del Leon núm. 19, en Ponce.

Pedro Mora.

GRAN ESPOSICION DE VIENA.

Ademas de los atractivos que ofrece siempre un viage á Europa hay este año el estraordinario de la gran esposicion de Viena que promete ser una de las mas completas, y como nunca se ha brindado á la admiracion del público.

Los pasageros que se embarquen en los vapores de la Mala Real Inglesa, desde aquí, ahorran el viage á St. Thomas pagando en esta agencia los mismos precios que desde aquel puerto, pudiendo desembarcar en Plymouth, Cherburgo ó Southampton segun deseen.

Desde Cherburgo podrán ser conducidos á Paris por la Compañia del ferro-carril del Oeste con un 20 por 100 menos que el precio de tarifa, presentando certificado del contador que acredite han desembarcado de un vapor de la Mala Real.

Llegados á Paris pueden dirijirse al agente de la Compañia Mr George S. Pritchard, 4 Rue Rossini, quien se prestará gustoso á darles los informes necesarios para la continuacion de su viage á Viena.

Un tren espreso los conducirá en 38 horas poco mas ó menos á la Capital del império Austriaco por la via de Strasburgo, Stutgard y Munich, cuyos museos y bellezas artísticas de todas clases gozan de merecida fama

Tambien los pasageros que desembarquen en Plymouth podran llegar hasta Londres á precios reducidos enseñando el mencionado certificado del contador.

El vapor que lleva los pasageros desde aquí á S. Thomas sale el 11 ó 12 (el 11 cuando el mes anterior tuviere 31 dias) y el 24 fijo de cada mes.

Para pormenores dirijirse á esta agencia donde se dan libretas de la Compañia.

Ponce 12 de Marzo de 1873.

J. CORTADA & Cª

Agentes de la Compañia de la Mala Real Inglesa.

¡Atencion! ¡Atencion! ¡Atencion!

Aviso al público.

Los que suscriben dueños de satreria establecidas en esta Villa, por las razones que brevemente espondrán, se encuentrán en el indispensable caso de no continuar trabajando como ha sido costumbre hasta ahora, al fiado.

Una consideracion, y baste ella sola, es, que esta clase de establecimientos tienen que hacer un desenvolso semanal para el pago de operarios, los cuales ajustan sus trabajos cada sabado y á que no pueda exijirsele una hora de espera, y como las ventas y pocos trabajos que hoy se hacen al contado, no alcanzan á cubrir aquellos gastos resulta un conflicto permanente para los dueños que muchas veces ocasionan sacrificios, para satisfacer aquellas urgencias.

Como los que suscriben abrigan la creencia de que ninguna persona, especialmente sus antiguos favorecedores, verán en esto un acto intencional, sino una cierta y palpable necesidad en las presentes circunstancias, creen tambiem, que así, y solo así será interpretado por el público.

Ponce Abril 22 de 1873.

Federico Pascual—Narciso Tomás—Juan Taja—Isidoro Colon—F. Alonso Ortiz—Nemesio Colon—José del C. Aquino—E. B. Nicobule.—M. Barredo.

VENTA

La bodega "El Sol" calle de Atocha ha recibido y vende *barato*, carne de familia, cerveza poter, brandy Hennessy y español, coñac francés, frutas en almibar y estraidas, aceitunas, sardinas francesas, salchichon, conservas alimenticias y otros varios renglones.

AL COMERCIO.

En la librería de Lopez, se encuentran constantemente de venta Pólizas de embarques, idem para Cabotage, Declaraciones para manifiestos, Conocimientos para el vapor costanero y Resúmen de cargamento.

En el mismo establecimiento se han recibido magníficos copiadores de cartas, tinta para copiar y papel *vapor* liso y rayado.

IMP. DE LOPEZ.

(1855 y 1867), Milán (1865), Viena (1873), Filadelfia (1876) y Melbourne (1880). A partir de entonces, la incertidumbre que pudiera tener la economía y la vulnerabilidad característica de los sistemas financieros habría de requerir el fomento de una cultura de mercado que permitiera la estabilización de estos sectores. Emergió así la publicidad como forma discursiva que permitió la incorporación de las diferentes clases sociales a una cultura de mercado. Esta cultura de mercado, a su vez, empleó una tecnocracia de la sensualidad cuya publicidad dio más importancia al valor de uso de la mercancía que al valor de cambio. La sensualidad, en este contexto, habría de convertirse en el vehículo de una función económica, en el sujeto y el objeto de una fascinación económicamente funcional (Haug, 1986, 17). Fueron los mecanismos operativos de la nueva función económica los que llevaron a la publicidad a formar parte de los dispositivos de la identidad social del hombre moderno.

La narrativa publicitaria, forma de representación del capitalismo que surge como consecuencia de lo anteriormente dicho, se constituyó en un discurso hegemónico que, sin ser un discurso empírico, ni tampoco trascendental, incorporó aquellas instancias que le permitieron apropiarse de ciertas voces de estos discursos y, además, se convirtió en el representante de un proyecto cultural basado en la propiedad privada y en la cultura de mercado. Esta última nace como un discurso cultural autónomo a partir de la disyunción ocurrida durante el siglo XIX entre la estética y la psicología, e incorpora para su producción los espacios narrativos que se perfilaron en la narrativa europea desde el siglo XVII.

Jennifer A. Wicke (1988) dice que la publicidad surgió como una práctica discursiva radicalmente nueva durante el siglo XIX, y en ese mismo período se convirtió en una institución de producción económica, de representación y de saber. Añade que la institución publicitaria no surgió aisladamente, sino que se dio a la vez que la novela decimonónica se convertía en el género narrativo más importante de esa centuria. Wicke señala que "la dialéctica entre la publicidad y la novela revela cómo la primera fue capaz de convertirse en una literatura de masa forzando sus propios códigos de lectura, y cómo el éxito de la novela, en cuanto género literario, se debió al espacio abierto por la publicidad (1). Aunque la tesis central de

Wicke permite entender la relación entre la publicidad y la narrativa de los siglos XIX y XX, es posible ampliarla más para dar cabida a otros espacios narrativos que ayudaron a la formación de este discurso producto de la modernidad capitalista. Precisamente por ello este libro coloca el estudio de la publicidad en esa fisura que, según Foucault, se abrió, en el umbral de la modernidad, entre el discurso científico y un discurso que "se manifiesta a través del cuerpo y los rudimentos de la percepción" (311).

Esa fisura permitió que durante el siglo XVIII, con la disolución del concepto esbozado por Horacio en su *Epistola ad Pisones*, "ut pictura poesis" (la hermandad de las artes), y con el surgimiento de una crítica psicológica basada en la imagen mental, se resaltara la porosidad que existe entre las artes. Las artes visuales y la narrativa se redujeron a principios tales como imagen, lenguaje, o a formas compuestas de imagen y lenguaje (Mitchell 114). La publicidad, como la conocemos hoy, nace de la porosidad que resalta Lessing en su poética. La apertura de los géneros discursivos que permitió la poética de Lessing proporcionó los medios para que se diera una forma discursiva, a la vez transparente y opaca, empírica y trascendental, desde donde se pudiera impulsar el proyecto cultural capitalista y la circulación de la mercancía.

Como señala Harvey, la publicidad y las imágenes de los *media* están en estos momentos más integradas a las prácticas culturales, y han logrado mayor importancia dentro del crecimiento dinámico del capitalismo. Además, su propósito ya no es informar o promover en el sentido tradicional, sino que se orientan hacia la manipulación de los deseos y los gustos a través de imágenes que pueden estar atadas a los productos que intentan vender (287). Esto hace que hoy sea más importante que nunca una reflexión sobre cómo la publicidad se convirtió en un discurso capaz de proponer una nueva forma de subjetividad para el orden social producido por el capitalismo.

Desde una perspectiva metodológica, este proyecto me lleva a interrogar al canon publicitario. Por éste debe entenderse aquellos textos fundacionales que sirvieron de modelo preceptivo para el desarrollo de esta forma cultural en un lugar de legitimación de saberes, como es la Universidad.

La proliferación de artículos en revistas científicas y de libros sobre el tema publicitario durante los primeros años del siglo XX es síntoma de la necesidad que hubo de legitimar esta nueva práctica cultural, que es la publicidad, como uno de los saberes de la modernidad dentro de las sociedades industrializadas. La publicidad se constituyó como disciplina en los centros universitarios estadounidenses hacia 1910, en programas de administración empresarial y de marketing. Entre 1913 y 1914 la Universidad de la ciudad de Nueva York creó un centro de estudios publicitarios integrado por profesores de psicología, inglés comercial, artes aplicadas y representantes de la comunidad empresarial. En 1888 había comenzado a publicarse la primera revista dedicada exclusivamente a temas publicitarios, *Printers' Ink*; en 1911 los editores de esta revista publicaron los estatutos que, con algunas modificaciones, han reglamentado la práctica publicitaria en Estados Unidos hasta el presente. Mas fue hacia 1905 cuando comenzaron a formarse diversas organizaciones para legitimar la publicidad como práctica cultural (Kleppner, 15). El 9 de febrero de 1908 se abrió en Nueva York una exposición llamada THE FIRST ANNUAL EXHIBITION OF ADVERTISING ART,[1] dando impulso al desarrollo del arte publicitario.

La publicidad se legitimó como el discurso narrativo que permitió la "inscripción de la ley" del "hombre moderno", para quien la producción, la distribución y el consumo de los bienes se constituyeron en una ontología. Tras este acontecimiento cultural, el análisis crítico de la publicidad ha tenido una larga trayectoria y nos ha enseñado sus códigos, sus estructuras, sus lenguajes, sus

---

[1] Entre 1903 y 1916 encontramos los siguientes títulos de libros publicados que discuten el tema de la publicidad: Dill Scott, Walter, *The Theory of Advertising: A Simple Exposition of the Principles of Psychology in Their Relation to Successful Advertising*, 1903; Calkins, Earnest Elmo y Ralph Holden, *Modern Advertising*, 1905; Presbury Rowell, George, *Forty Years an Advertsing Agent: 1865-1905*, 1906; Levi Hollingworth, Harry, *Advertising and Selling: Principles of Appeal and Response*, (1913). Encontramos, además, artículos en la siguientes revistas: *Journal of Applied Psychology*, *Journal of Educational Psychology*, *Psychology Review* y *Journal of Philosophy and Psychology*.

signos.[2] Ciertamente hemos superado la crítica moderna de simple denuncia de la publicidad y su relación con los intereses hegemónicos del capitalismo. Ahora, más bien, estamos ante la encrucijada de tener que aceptar que, tanto por su estructura fragmentada, como por su relación con los sistemas de producción y así también como por el marketing de las "imágenes", la publicidad se nos presenta como el discurso narrativo propio de las sociedades postindustrializadas. Reconocemos, sobre todo, cómo la publicidad asume jugadas del lenguaje que constituyen el lazo social de que nos habla Lyotard (25). Sin caer en la actitud apocalíptica de un Baudrillard (1989), para quien "todas las formas culturales originales, todos los lenguajes determinados son abosorbidos por éste (el publicitario) porque carecen de profundidad y es instantáneo e instantáneamente olvidado",(5) tenemos que aceptar que la narrativa publicitaria, por un lado, ha desempeñado el papel más importante en la creación de una subjetividad fragmentada, descentrada y, por otro, provee de mecanismos para una estetización de la política, del trabajo, de la guerra, de la miseria, del hambre.

Desde hace unos años, en América Latina nos hemos dedicado al rescate y al estudio de aquellas formas culturales que, desde lo popular, negocian con el polo hegemónico de la cultura. Nos hemos impuesto la tarea de estudiar la manera en que utilizamos las fisuras de las formas culturales hegemónicas para apropiarnos y negociar con sus propuestas. El estudio de la circulación cultural nos ha llevado a una re-lectura de la cultura popular como forma de resistencia a una centralidad hegemónica que cada día se nos presenta más fragmentada, más ubicua, más opaca, pero no obstante, más poderosa. Mi proyecto, por otro lado, estudia la publicidad como una forma cultural hegemónica que se legitimó utilizando

---

[2] Para un resumen de este tipo de análisis crítico de la publicidad, recomiendo la lectura del libro de Pérez Tornero, J.M., *La semiótica de la publicidad* (Barcelona: Mitre, 1982). Además son importantes los textos de Williamson, Judith, *Decoding Advertisement* (London: Marion Boyars, 1978); y el de Dyer Gillian, *Advertising as Communication* (London: Methuen, 1982).

otras formas culturales del proyecto hegemónico burgués. Reconocemos con Martín Barbero (1987) que:

> El proceso de enculturación no fue en ningún momento un proceso de pura represión. Ya desde el siglo XVII vemos ponerse en marcha una producción de cultura cuyo destinatario son las clases populares. A través de una "industria" de relatos e imágenes se va a ir configurando una producción cultural que a la vez media entre y separa las clases. Pues la construcción de la hegemonía implicaba que el pueblo fuera teniendo acceso a los lenguajes en que aquélla se articula. Pero nombrando al mismo tiempo la diferencia, y la distancia entre lo noble y lo vulgar primero, entre lo culto y lo popular más tarde. No hay hagemonía –ni contrahegemonía– sin circulación cultural. No es posible un desde arriba que no implique algún modo de asunción de lo de abajo (110).

Aunque es cierto el argumento de Martín Barbero de que el estudio de la producción cultural masiva no es pura ideología, sino que abre a las clases populares el acceso a la escritura hegemónica y les permite hacer comunicable su memoria y experiencia (110), también es cierto que un discurso hegemónico propone un tipo de subjetividad cuyos mecanismos internos tenemos que continuar interrogando para entender cómo se legitima, a partir de la negociación entre formas culturales hegemónicas y no-hegemónicas, y garantiza su interpelación del Otro. No olvidemos que el proyecto ilustrado burgués percibió al Otro ubicado en, y a veces perteneciente a un lugar específico, dentro de un orden espacial considerado etnocéntricamente, con unas cualidades homogéneas y absolutas (Harvey, 252).

Capítulo I

1. Publicidad y estética

> Esta mañana pensé por primera vez que mi cuerpo, ese compañero fiel, ese amigo más seguro y mejor conocido que mi alma, no es más que un monstruo solapado que acabará por devorar a su amo. Haya paz...Amo mi cuerpo; me ha servido bien, y de todos modos no le escatimo los cuidados necesarios.
>
> Marguerite Yourcenar
> *Memorias de Adriano*
> (Julio Cortázar, trad.)
> (orig. pub. 1951)

La publicidad es el discurso de los objetos.[1] Es el discurso de todo lo volátil y efímero de los objetos; se coloca en el umbral de las apariencias, de la máscara. Es el discurso con que el hombre clase, el hombre social, el hombre

---

[1] Cabe mencionar aquí los trabajos de Jean Beaudrillard, *Le systeme des objects* (París: Editions Gallimar, 1968); *Crítica de la economía política del signo*, Aurelio Garzón del Camino, trad. (México: Siglo XXI, 2da. edic., 1977); "La moral de los objetos: función - signo y lógica de clase", *Comunicaciones/Los objetos*, Silvia Delpi, trad. (Buenos Aires: Editorial Tiempo Contemporáneo, 2da. edic., 1974). También sobre el tema de la publicidad como discurso de los objetos puede leerse el artículo de Michel Maffesoli, "¡Exhíbete, objeto!", *Revista de Occidente* 92 (enero 1989): 17-22.

historia, objeto natural de las clasificaciones, pero vivo y consciente personificador del trabajo (Marx 1967, v.I: 202), inscribe sobre su cuerpo *la imagen* de un otro que le permite re-conocerse como un individuo respetable, con calidad y prestigio, confiable, competitivo, nuevo. La narrativa publicitaria produjo un nuevo sensorio,[2] una nueva ontología.[3] Fue uno de los discursos que permitieron al proyecto cultural burgués una valorización del cuerpo "enlazada con el proceso de crecimiento y establecimiento de la hegemonía burguesa: no a causa, sin embargo, del valor mercantil adquirido por la fuerza de trabajo, sino en virtud de lo que la cultura de su propio cuerpo podía representar política, económica e históricamente tanto para el presente como para el porvenir burgués (Foucault, 1977, 152)".

La propuesta estética de la fisura empírico / trascendental permite que comprendamos ese nuevo sensorio, esa nueva ontología que produjo la publicidad. Terry Eagleton (1990) nos ayuda a entender por qué es necesario una relectura de la publicidad desde la estética al afirmar que:

> La estética nace como un discurso del cuerpo. En la formulación original del filósofo Alejandro Baumgarten, el concepto no se refiere en primer lugar al arte, sino, como sugiere la palabra

---

[2] Cabe tener presente el siguiente comentario de Walter Benjamin en su ensayo "La obra de arte en la época de su reproductibilidad técnica", *Discursos interrumpidos* I (Madrid: Taurus, 1973): "Dentro de grandes espacios históricos de tiempo se modifican, junto con toda la existencia de las colectividades humanas, el modo y manera de su percepción sensorial. Dichos modo y manera en que esa percepción se organiza, el medio en el que acontecen, están condicionados no sólo natural, sino históricamente" (23).

[3] Al decir que la narrativa publicitaria produjo una nueva ontología quiero señalar que esta narrativa erigió un proyecto semiótico basado en una temática que corresponde a la propuesta de Brian McHale en su libro *Postmodernist Fiction* (London: Methuen, 1987). McHale no propone en su libro una ontología de la postmodernidad, sino que la observa como una constante de la narrativa postmoderna. Comenta que: una ontología es una descripción de un universo, no del universo; esto es, puede describir cualquier universo, potencialmente una pluralidad de universos. En otras palabras, hablar de ontología desde esta perspectiva no es necesariamente buscar un fundamento para nuestro universo; puede muy bien describir otros universos, incluyendo universos "posibles" o "imposibles" -sin dejar fuera de su ficción ese heterocosmos, o universo del otro (27).

> griega *aisthesis*, a la totalidad de la región humana de la percepción. El lindero que el concepto "estética" marca inicialmente a mediados del siglo dieciocho no es entre "arte" y "vida", sino entre lo material y lo inmaterial: entre cosas y pensamientos, sensaciones e ideas, aquello que se ata a nuestra vida material en oposición a aquello que guía una indefinida existencia en lo más apartado de la mente... Ese territorio no es otra cosa que la totalidad de nuestra vida de sensaciones —asunto de afectos, aversiones, de cómo el mundo se imprime en la superficie sensorial del cuerpo, de aquello que se fija en la mirada y en las entrañas y de todo lo que surge de nuestra más banal inserción biológica en el mundo... Es, por lo tanto, el primer levantamiento de un materialismo primitivo— de la larga rebelión inarticulada del cuerpo contra la tiranía de lo teórico (13).

La publicidad, discurso de los objetos, de la mercancía, logra instaurarse como una narrativa de lo externo, de lo público; anuncia la quiebra del último espacio propio de la sociedad burguesa: lo privado. Si la novela realista nos lleva al interior y nos encierra en el recinto habitacional burgués, la publicidad nos exhibe, nos coloca en medio de la calle, hace públicos los objetos más íntimos de la privacidad burguesa, apelando a todas nuestras sensaciones, e instaurando el imperio de la superficie sensorial del cuerpo.

El canon publicitario se encargó de legitimar este discurso de los objetos. Lo definió como una "fuerza que impresiona, vigila, fortalece, empuja; que modifica los pensamientos, y provee de nuevas palabras, frases, ideas, modas, prejuicios y costumbres" (Calkins, 1916, 8-9). Lo legitimó como un saber fragmentado: "¿Es la publicidad una ciencia, un arte, o simplemente una rama del comercio?" (French, 1915, 44). Tipper *et al.* (1915) indican que en su libro "intentan combinar toda la variedad de artes y ciencias que son incorporadas por la publicidad" (v). Calkins lo fijó al desarrollo de la tecnología (2-3), a la vez que lo "deshistorizó": "El comienzo de tal tipo de anuncios...sólo le interesa al arqueólogo" (2). Comenta, además, que ha transcurrido mucho tiempo desde la fundación de las primeras agencias de publicidad y que esto tal vez sea un dato interesante pero no es relevante para su estudio (14).

Con el canon publicitario estamos claramente ante la institucionalización de una forma cultural producto de la modernidad, tal como la define Habermas (1988):

> El proyecto de la Modernidad, formulado en el siglo XVIII por los filósofos de la Ilustración, consiste en desarrollar las ciencias objetivadoras, los fundamentos universalistas de la moral, el derecho y el arte autónomo, sin olvidar las características peculiares de cada uno de ellos y, al mismo tiempo, en liberar de sus formas esotéricas las potencialidades cognoscitivas que así manifiestan y aprovecharlas para la praxis, esto es, para una configuración racional de las relaciones vitales (273).

La publicidad se erige como una forma cultural, a la vez arte y ciencia, forma empresarial y forma de representación, texto y tecnología, sujeto y objeto, cuya naturaleza fragmentada la convierte en el discurso hegemónico de la modernización capitalista. Sus tensiones hacen totalmente transparente el dinamismo de una modernización que Marx (1975) nos describe con estas palabras:

> Una revolución continua en la producción, una incesante conmoción de todas las condiciones sociales, una inquietud y un movimiento constantes distinguen la época burguesa de todas las anteriores. Todas las relaciones estancadas y enmohecidas, con su cortejo de creencias y de ideas veneradas durante siglos, quedan rotas; las nuevas se hacen añejas antes de haber podido osificarse. Todo lo sólido se desvance en el aire; todo lo sagrado es profanado y los hombres al fin se ven forzados a considerar serenamente sus condiciones de existencia y sus relaciones recíprocas (v. I, 338).

Como discurso hegemónico de la racionalidad económica y administrativa de la modernización capitalista, la publicidad sirve de vehículo para la inscripción de la ley en el cuerpo del hombre que nace con la modernidad y que entra ahora en su condición postmoderna.[4] ¿Cómo se construyeron esos mecanismos que

---

[4] Gianni Vattimo en su libro *La sociedad transparente,* Barcelona: Paidós, 1990, nos dice que:

> Hoy se habla mucho de posmodernidad, es más, tanto se habla que casi ha llegado a convertirse en algo obligado distanciarse de este

imprimen la ley y qué permitió a la publicidad intentar fijar unas formas de recepción, una estética propia? Para responder a estas interrogantes colocaré el texto de Gotthold Ephraim Lessing, *Laocoonte o sobre las fronteras de la poesía y la pintura*, como el umbral de unas prácticas narrativas que privilegiaron, a partir del siglo XIX, unas tecnologías de producción textual cuyas formas de representación fueron producto de la crisis del capitalismo de 1848, a la vez que propusieron unas formas de recepción a tono con el nuevo orden de los mercados internacionales.

---

concepto, considerarlo una moda pasajera, declararlo una vez más un concepto "superado"... Pues bien, yo considero, al contrario, que el término posmoderno sí tiene sentido, y que tal sentido se enlaza con el hecho de que la sociedad en que vivimos era una sociedad de la comunicación generalizada, la sociedad de los *mass media* (74).

2. De la poesía - de la pintura - de la psicología

Quién sabe por qué destino de condenado a muerte los miro, inevitablemente, a todas horas. Bailan entre los pajonales de la colina, ricos en víboras. Son inconscientes enemigos que, para oír Valencia y Té para dos —un fonógrafo poderosísimo los ha impuesto al ruido del viento y del mar—, me privan de todo lo que me ha costado tanto trabajo y es indispensable para no morir, me arrinconan contra el mar en pantanos deletéreos.

Adolfo Bioy Casares
La invención de Morel (1953)

Earnest Elmo Calkins fue el primero (1905) en relacionar el desarrollo de la publicidad en Estados Unidos con los nuevos hábitos de lectura de la enorme masa de personas que, según la describió Tocqueville, constituyó desde 1815, con una aceleración brutal durante la década iniciada en 1840, el mayor movimiento de inmigración de la historia moderna (Coriat, 1982, 24). Dyer (1982) considera que el desarrollo de la prensa inglesa durante la segunda mitad del siglo XIX se debió, en gran medida, al proyecto de alfabetización de los obreros propuesto por la Education Act de 1870 (42). Cabe rercordar que el primer país en asumir la responsabilidad estatal de la educación fue Alemania (Prusia) en 1830. Habermas (1986) nos indica que Ferdinand Hansenstein fundó la primera agencia de publicidad en Alemania en 1855. En Francia, a partir de 1871, con la Tercera República, se impulsó un sistema coherente de educación nacional.

Este proceso de "enculturación" al capitalismo industrial, a través de la alfabetización, fue una de las estrategias del proyecto cultural ilustrado. Este proyecto instauró el control hegemónico burgués por medio de un sistema racional de reglamentación y control social que permitió el funcionamiento del nuevo orden económico basado en la acumulación de capital y en la circulación de la mercancía. Con el capitalismo, nos encontramos ante un sistema económico que separa a los productores de aquellos que controlan los medios de producción. La "enculturación" al capitalismo exigió una negociación que conllevó una mezcla de represión, habituación, co-optación y co-operación, organizadas no sólo en el lugar de trabajo sino a través de toda la sociedad (Harvey, 123). Las instituciones hegemónicas del capitalismo, en este caso la publicidad, educan, adiestran y persuaden, a la vez que proponen una ética de trabajo, lealtad hacia la empresa, orgullo local o nacional, la búsqueda de una identidad por medio del trabajo, una iniciativa individual o la solidaridad social (Harvery, 123-24).

Los manuales de historia de la publicidad fijan el origen de la forma actual de representar, en Inglaterra, a fines del siglo XVIII, con la publicación de los clasificados de *The Advertiser*. Fue durante esta época cuando la palabra inglesa *advertissement* pasó de ser un colofón a convertirse en un medio para que los tipógrafos anunciaran sus servicios y los escritores el mérito de su obra, hasta transformarse en un género periodístico (Wicke, 1988, 5-7). Para el desarrollo de la publicidad durante el siglo XIX, tuvieron gran importancia la invención de la litografía en 1796 por el checo Alois Senefelder, y su introducción en Inglaterra en 1798; también resultó importante la invención de la prensa mecánica en 1811 por el alemán Friedrich Koning, y su utilización por primera vez en 1814 por *The Times* de Londres; y, finalmente, de importancia fue el desarrollo de las rotativas de bobina continua que comenzaron a utilizarse a partir de 1863 en Francia.

Cabe destacar que nuestro interés no es el de reducir la publicidad a un "positivismo tecnologista". Estamos de acuerdo con Martín Barbero (1987) cuando señala que: "Pensar la industria cultural, la cultura de masa, desde la hegemonía, implica una doble ruptura: con el positivismo tecnologista, que reduce la comunicación a un problema de medios, y con el etnocentrismo culturalista que asimila la cultura de masa al problema de la degradación de la cultura"(95).

La incorporación de las nuevas teconologías del cartel y de la fotografía al desarrollo de la publicidad fue legitimada por Lessing en 1766 en su libro el *Laocoonte o Sobre las fronteras de la poesía y la pintura*. En uno de sus postulados Lessing comenta:

> Con todo, del mismo modo como ocurre con dos buenos vecinos que, aunque guarden una buena relación de amistad, no permiten que el uno se tome libertades indebidas que pertenecen al dominio de la intimidad del otro, pero en los límites más externos de su vida ambas partes y de un modo pacífico, compensan las pequeñas intromisiones que cada uno de ellos, llevado por las prisas y forzado por las circunstancias, se ve obligado a hacer en el terreno de lo que pertenece al otro, así también con la pintura y la poesía (186).

Aquí Lessing cuestiona las fronteras entre las diversas formas de representación. Lo original de su postulado radica en que resalta la porosidad de todos los discursos que descansan en la acción sensible de formar "imágenes": gráfica, óptica, perceptual, mental, verbal. Con Lessing el símil horaciano *ut pictura poesis* ya deja de utilizarse para considerar inferiores aquellas formas de representación que no utilizan signos lingüísticos como soporte material. Sobre este aspecto Lessing nos dice en su Prólogo: "Salir al paso de esta manera equivocada de ver y sentir estas dos artes" —pensar la "poesía como una pintura parlante" y "la pintura una poesía muda"—, "así como de los juicios infundados que de este modo de ver se derivan, es el designio fundamental de las consideraciones que siguen" (39). Con su proyecto, se propone corregir, además, la "manera de ver y sentir" las artes a la vez que entronca con la preocupación burguesa de construir una nueva subjetividad. Lessing comienza su *Laocoonte* diciendo que, a pesar de producir *efectos* similares sobre el hombre, las artes difieren tanto por su materialidad como por su forma de producción.

La propuesta de Lessing da impulso para que se legitimen durante el siglo XIX los vínculos entre las nuevas tecnologías de la mecánica industrial y las diversas formas textuales. Se preocupa, sobre todo, por las relaciones existentes entre signos visuales, signos lingüísticos, signos naturales y los límites impuestos por las diversas formas de producción al intentar re-presentar. Es partiendo de estas relaciones como Lessing esboza la temática central de su obra:

> Mi razonamiento es el siguiente: si es cierto que la pintura, para imitar la realidad se sirve de medios o signos completamente distintos de aquellos de los que se sirve la poesía —a saber, aquella, de figuras y colores distribuidos en el *espacio*, ésta, de sonidos articulados que van sucediéndose a lo largo del *tiempo*—; si está fuera de toda duda que todo signo tiene necesariamente una relación sencilla y no distorsionada con aquello que significa, entonces signos yuxtapuestos no pueden expresar más que objetos yuxtapuestos, o partes yuxtapuestas de tales objetos, mientras que signos sucesivos no pueden expresar más que objetos sucesivos, o partes sucesivas de estos (165).

Estas relaciones que Lessing propone entre signos y las condiciones espacio-temporales necesarias para su producción / recepeción, llevan a Mitchell (1986) a comentar que: "Si Newton redujo el universo físico y objetivo, Kant el universo subjetivo y metafísico a las categorías de espacio y tiempo, Lessing llevó a cabo la misma acción en el mundo mediador de los signos y en el medio artístico" (96). La preocupación de Lessing por los procesos de significación en las diversas artes lo lleva a continuar la tradición de la incipiente semiótica europea. Lessing, al igual que el empirista inglés John Locke, propone una teoría del signo como eje central de los procesos de significación. Mas si bien, para el primero, la teoría del signo en Lessing está atada a las formas de producción textual, para Locke en su *Tratado sobre el conocimiento humano* (1690) se hace necesaria una división de las ciencias que incluya todas las formas de conocimiento. De ahí que Locke dividiera las ciencias en tres ramas: física, ética y semiótica. La semiótica, en ese sentido, estudiaría la manera en que el conocimiento humano se obtiene y se comunica. Esta doctrina de los signos o semiótica, según Locke, puede llamarse, también, lógica: "su tarea es estudiar la naturaleza de los signos que la mente utiliza para obtener el conocimiento de las cosas, o para transmitir su conocimiento a los demás" (395). Después de todo, lo que podemos encontrar en estos autores es el intento de una burguesía europea por legitimar unas formas hegemónicas de conocimiento y de percepción.

La propuesta de Lessing se ata al canon publicitario mediante la estrecha relación que guarda su obra con la psicología y la estética analítica. Para Dilthey (1914, 174), "La poesía de Lessing basábase en una psicología que, en líneas fuertes y diáfanas, concebía al hombre como una fuerza pensante manifestada en actos". Henry Foster Adams (1916) muestra una concepción parecida del hombre en su libro *Advertising and its Mental Laws*. Para Adams será la psicología la que ayudará al publicista a llamar la atención del lector (20). De igual forma George French (1915) señala que: "El gran propósito de casi todo lo que hoy día se anuncia es persuadir a la gente a hacer todo lo que el publicista quiere que ellos hagan, en vez de intentar seriamente que los lectores se creen una imagen de la naturaleza y de las ventajas de aquello que es anunciado"(27). Otro ejemplo lo encontramos en Tipper (1915), quien indica el vínculo que existe entre los factores psicológicos y la producción textual publicitaria (53).

Más recientemente, Armand Mattelart apunta en su libro *La publicidad* (1991) que: "Los saberes publicitarios son ante todo cosa de la psicología" (73). Sin embargo, no queda claro qué permitió a la psicología y a la narrativa, sistemas con estructuras y reglas aparentemente excluyentes, servir de ejes para la formación cultural del discurso publicitario. Mattelart señala que el trabajo de John B. Watson, primer doctor en psicología de la Universidad de Chicago y quien sistematizó el conductismo en 1913 en un artículo titulado "Psychology as the Behaviorists See It", (para la compañía publicitaria J. Walter Thompson) fue un factor importante en el desarrollo de la llamada ciencia del consumidor. Sin embargo, no podemos olvidar que Watson es el heredero de la escuela de la psicología funcionalista fundada alrededor de 1896 por John Dewey y su colega James R. Angell en la Universidad de Chicago. El estudio funcional de los problemas del conocimiento había sido introducido en Estados Unidos por Williams James, en 1890, mediante su libro *Principles of Psychology*. La corriente funcionalista dentro de la psicología estadounidense nació de las propuestas de la psicología experimental del alemán Wilhelm Wundt en Leipzig junto a la corriente evolucionista inglesa comandada por un primo de Charles Darwin, Francis Galton (recordemos que Darwin publicó en 1872 su libro *The Expression of the Emotions in Man and Animal*). Esta concepción evolucionista funcional del hombre llevó a James Mckeen Cattell en 1888 a desarrollar un *mental test* que permitió el estudio funcional del comportamiento humano.[5]

Este entroncamiento de la publicidad con la psicología funcionalista del círculo de Chicago fue descrito por Calkins en 1916 de la siguiente manera:

> La publicidad está atrayendo la atención de hombres que ocupan cátedras en colegios y universidades. El profesor Walter Dill Scott de la Universidad de Chicago ha escrito tres libros [*Increasing Human Efficiency in Business*; *The Theory of Advertising*; *The Psychology of Advertising*], en donde los principios de la psicología son utilizados en *tests* publicitarios...(89).

Adams (1916), por otro lado, dice lo siguiente:

> ...vale la pena mostrar en forma general cómo la mente ha nacido y se ha desarrollado y cómo la consciencia "publicitaria" ha surgido. Para lograr esto, es necesario una breve discusión del punto de vista funcional o evolutivo en la psicología (20).

Para lograr su cometido, Adams (21-24) cita primero a Angell ["The Relation of Structural and Functional Psychology to

---

[5] El compendio histórico de Paolo Legrenzi, publicado en Italia en 1982, ofrece un estudio sumamente esclarecedor de la psicología. Legrenzi, Paolo, ed., *Historia de la psicología* (Barcelona: Editorial Herder, 1986).

Phylosophy" (1903); "The Province of Functional Psychology" (1907)] y luego a John Dewey.[6]

La publicidad fue la primera forma de representación en articular el camino ya preparado por Lessing. Ernst Cassirer (1979, orig. pub. 1932) se refiere a la obra de Lessing señalando que no sólo llevó al climax el pensamiento estético de toda una época al ir más allá de las posibilidades artísticas del momento, sino que descubrió nuevas posibilidades para la poesía (359). Lessing legitimó el uso de consideraciones psicológicas para tratar de estética (percepción), de crítica y de producción textual. Cassirer añade que:

> La crítica de Lessing busca no sólo ser productiva y servir de influencia externa para promulgar e inspirar la creación artística, sino que además es un factor inmanente del proceso creativo. Se le llamó de crítica "productiva" porque participaba del proceso de producción y existía a través de este proceso. De esta forma, Lessing lleva la estética de la Ilustración más allá de sus metas y fronteras precedentes, aunque sólo haya sido, aparentemente, un heredero de las posesiones intelectuales de ésta (359).

Lessing relaciona la psicología y la estética analítica (que a partir de Leibniz, contemporáneo de Locke, se desarrollaron en la Academia de Berlín) con las tecnologías de representación. Los psicólogos de la Academia, familiarizados con las "bellas letras, acometieron el

---

[6] Desde su perspectiva conservadora, Allan Bloom, en su libro *The Closing of the American Mind* (New York Simon and Schuster, 1987, págs. 194-195) ve en John Dewey la máxima expresión del positivismo cientificista de comienzos de siglo. Bloom utiliza la siguiente cita en que Max Weber habla sobre Dios, la ciencia y lo irracional para describir la euforia científica de Dewey y de Estados Unidos en general:

> Finally, although a naive optimism may have celebrated science-that is, the technique of the mastery of life founded on science-as the path which would lead to happiness, I believe I can leave this entire question aside in light of the annihilating critique which Nietzsche has made of "the last men" who "have discovered happiness" Who, then still believes in this with the exception of a few big babies in university chairs or in editorial offices? (*Science as a Vocation*)

empeño de aplicar el análisis [psicológico] al campo de la estética" (Dilthey, 173). Dilthey consideró a Lessing el más grande poeta alemán de siglo XVIII (194). Para él, Lessing "tuvo que recorrer un largo camino de autognosis científica para poder encontrar la expresión poética completa de su ideal de vida" (350). Dilthey coloca a Lessing y a su generación dentro de "una amplitud y una cultura de las clases medias que les acarreaba un señorío espiritual, mientras se veían descartadas de la dirección del estado" (348).

Eagleton (1990) nos comenta que el desarrollo de la estética en la Alemania dieciochesca es, entre otras cosas, una respuesta al problema del absolutismo político (14), a la vez que ofrece un paradigma ideológico tanto para el sujeto individual como para el orden social (99). Dentro del proyecto cultural alemán, Lessing proporcionó una tipología de las pasiones humanas y sus efectos basada en el análisis racional de diversas formas de representación. Lessing se entronca, en ese sentido, con el proyecto estético del siglo XVIII, proveyendo a la producción textual de una teoría de la manipulación cuyo objetivo es la modificación del destinatario. Ofrece en su *Laocoonte* la primera sistematización de un conjunto de operaciones cognitivas cuyo conocimiento y manejo permiten que se obtenga el efecto deseado en el público. Si, como apunta Dilthey, para Lessing la esencia de la poesía, como la del hombre, es la acción (350-351), estamos ante una producción textual cuyo programa es influenciar al otro.[7]

Dilthey, fundamentalmente cientificista, asigna un papel importante al proyecto de recepción hegemónica que Lessing articula en una poética que señala las condiciones exteriores del proceso poético y eleva "el ideal de vida suyo a la comprensión científica de su contenido y de sus supuestos" (Dilthey, 351). La

---

[7] En su libro *Análisis del discurso: hacia una semiótica de la interacción textual,* Madrid: Cátedra, 1986, Jorge Lazano, Cristina Peña Marín y Gonzalo Abril nos dicen que:

> cuando se habla de la comunicación entre destinador y destinatario como conjunto de operaciones cognitivas y de manipulaciones modales se quiere resaltar no sólo el transporte de información, sino también la "influencia" en el otro a través de la manipulación de la competencia modal del destinatario. Como ejemplo canónico, sirva el discurso publicitario encaminado a manipular "modalmente" el querer del destinatario (83).

visión que posee Dilthey de la obra de Lessing, a quien reconoce como el más grande poeta de su siglo (194), es importante, ya que:

> a partir de Dilthey... la capacidad de la obra de arte para *hacer mundo* se piensa siempre en plural, y por lo tanto no en un sentido utópico, sino heterotópico... Dilthey encuentra el sentido profundo de la experiencia estética (y de la misma experiencia historiográfica) en su capacidad de hacernos vivir, en dimensión imaginaria, otras posibilidades de existencia, que dilatan de este modo los confines de la posibilidad específica que cada uno realiza en su cotidianidad (Vattimo 168).

Mitchell (1986) considera que el *Laocoonte* de Lessing es de suma importancia para entender todos los posibles signos artísticos y la manera en que éstos construyen simulacros mediante la apropiación de las nociones de tiempo y espacio. Mitchell nos dice que:

> A partir del siglo dieciocho la cultura occidental ha sido testigo de un flujo continuo de innovaciones en las artes, los medios y la comunicación que hace muy difícil trazar una línea de demarcación entre estos. En una cultura que ha visto todo desde el eidoscopio hasta el show de rayos láser, y que está rodeada por la fotografía, el cine, la televisión, y las computadoras equipadas para el diseño gráfico, juegos, ordenar palabras, almacenar información, computación y diseño general ("programación"), no debe extrañar que la oposición "pintura versus poesía" parezca obsoleta, y que prefiramos un concepto más neutral como "texto versus imagen". *Claro que debemos darle crédito a Lessing por haber previsto que todo esto estaba en el horizonte* (49-50, subrayado mío).

A renglón seguido, Mitchell pasa a citar el último párrafo del prólogo del *Laocoonte*:

> Debo recordar también que bajo el nombre de pintura entiendo las artes plásticas en general, del mismo modo que bajo el nombre de poesía, tampoco renuncio a tomar en consideración, algunas veces, las otras artes cuya imitación de la naturaleza tiene lugar en el tiempo (40).

Mitchell señala que Lessing incluye bajo los términos poesía y pintura todos los posibles signos artísticos, ya que funcionan como una sinécdoque de todas las posibilidades espaciales y temporales de significación (50).

Lessing acerca las tecnologías de representación a la psicología y a la estética analítica en los postulados del *Laocoonte*. La lectura que propone Mitchell del texto de Lessing nos muestra un texto que ejerce una función de autor[8] con respecto a la producción textual de la publicidad. Podemos utilizar los conceptos de Foucault (1977, orig. pub. 1969) sobre la función de autor (131) y decir que la contribución de Lessing no fue sólo su obra, sino que produjo la posibilidad y las reglas para la formación de otros textos cuya articulación se ha dado a través de las nuevas tecnologías de producción y difusión textual.

El alcance del proyecto de Lessing fue el de abrir el espacio que permitió la transformación de un extenso corpus narrativo que hasta mediados del siglo XVIII pertenecía a formaciones culturales ajenas al proyecto ilustrado burgués. El proyecto ilustrado puso en circulación, con su apropiación de formaciones discursivas hegemónicas y no-hegemónicas, el corpus narrativo necesario para la enculturación de los diversos grupos sociales. Cassirer señala que: "la originalidad de Lessing no descansa en la invención de nuevas ideas, sino en el orden y la sistematización, arreglo lógico y selección del material que ya tenía a su disposición" (357-358). Esto representó para el proyecto hegemónico burgués una poética que legitimó las nuevas prácticas discursivas, cuya finalidad era el proceso de enculturación al nuevo proyecto, entendido este proceso como emancipación, como la realización del hombre ideal.

Finalmente, podemos decir que Lessing abrió las puertas, desde lo hegemónico, para la reorientación gradual de formas textuales, que más tarde recibirían el nombre de cultura de masa, al colocar la producción y recepción textual en coordenadas espacio-

---

[8] Michel Foucault en su ensayo "What is an author?", en Donald Bouchard, ed. *Language, Counter-Memory, Practice: Selected Essays and Interviews* (Ithaca, New York: Cornell University Press, 1980) nos comenta que:

> la función de autor se ata a un sistema legal e institucional que circunscribe, determina y articula el alcance de los discursos; no opera de manera uniforme sobre todos los dicursos, en todo momento, y en una cultura dada; no se

temporales. La Ilustración, como ha señalado Harvey (258), pensó construir una sociedad que garantizara las libertades individuales y el bienestar humano a través del ordenamiento racional del tiempo y el espacio.

define por la atribución espontánea de un texto a su creador, sino a través de una serie de procedimientos precisos y complejos; no se refiere, pura y simplemente, a un individuo real en la medida en que permite la simultánea aparición de una variedad de egos y una serie de ubicaciones subjetivas en donde los individuos de cualquier clase se posicionan (130-131).

3. Hacia una semiótica de las pasiones o poética de los efectos

Temo tanto de los bellos ojos el asalto,
en los que Amor y mi morir albergan,
que huyo de ellos cual niño del azote;
y gran tiempo hace que he dado el primer salto.

De ahora en adelante fatigoso o alto
sitio no habrá donde ascender no quiera,
por no encontrarme con quien mis sentidos aturda,
dejándome, cual suele, de frío esmalte,

Luego, si a veros tarde dirigíme
por no acercarme a quien me deshace,
error no fue tal vez de excusa indigno.

Y más digo, que el ir hacia lo que el hombre,
rehúye,
y el corazón haber librado de tal miedo,
de mi fe fueron prueba no ligera.

Petrarca
Soneto, (siglo XIV)
(Atilio Pentimalli, trad.)

Calkins, en 1916, resumió los efectos de la publicidad de la siguiente manera: "La publicidad modifica el curso del pensamiento diario de las personas, les da nuevas palabras, nuevas frases, nuevas ideas, nuevas modas, nuevos prejuicios y nuevas costumbres" (9). Estamos ante una estructura discursiva cuyo objetivo es provocar un efecto muy particular en el destinatario a través de la manipulación de las pasiones y de los actos. Se trata de una práctica discursiva que se formalizó mediante unos dispositivos provenientes de la ciencia de los actos del hombre, la psicología. Al adoptarse esta postura discursiva de la psicología ante el discurso publicitario, se amplía el esquema retórico que se había utilizado para estudiar las técnicas de persuasión de los textos publicitarios.[9] Ya vimos en el anterior capítulo cómo con Lessing la persuasión deja de ser una construcción formal que se logra mediante unas estrategias retóricas. La persuasión se logra ahora mediante un acto discursivo cuya articulación está mediatizada por un reordenamiento consciente de las coordenadas espacio/ tiempo que afectan a la producción y lectura de los signos textuales. Se basa en la impresión que éstos puedan causar en el lector.

Para Lessing la finalidad del texto artístico es el placer. Sin embargo, señala que:

> el placer es algo de lo que se puede prescindir. Por lo tanto no tiene nada de extraño que competa al legislador el determinar qué clase de placeres y en qué grado van a ser permitidos. Además, las artes plásticas, aun dejando aparte la influencia que necesariamente tienen sobre el carácter de la nación, son capaces de ejercer un efecto que reclama la atención cuidadosa de la ley (49).

En otras palabras, el placer que pueda producir el texto artístico debe estar determinado por *el efecto* que éste puede ejercer sobre los individuos.

Lo importante en la poética de Lessing es su propuesta para la construcción del texto artístico. La misma queda atada a la finalidad que le atribuye a las ciencias: "la finalidad última de las ciencias es la verdad" (49). Esta relación que propone entre texto artístico, placer y verdad permite que entendamos su postura ante las transformaciones que se han operado en el arte durante la época en que escribe:

> Pero, como ya hemos observado, en los últimos tiempos el arte ha adquirido dominios incomparablemente más vastos. El campo donde se ejerce su imitación se ha extendido a la

[9] J.M. Pérez Tornero, en su libro La semiótica de la publicidad: análisis del lenguaje publicitario, Barcelona: Editorial Mitre, 1982, recoge las diversas posturas del análisis retórico del discurso publicitario.

> Naturaleza entera visible, y de ésta lo bello es solamente una pequeña parte. *La verdad y la expresión*, se dice, *son la ley suprema del arte*; y del mismo modo como la Naturaleza está sacrificando continuamente la belleza en aras de designios más altos, asimismo el artista *debe subordinar* esta belleza *a su plan general*, sin buscarla más allá de lo que le permiten *la verdad y la expresión*. En una palabra: *la verdad y la expresión transforman la fealdad natural en belleza artística* (57, subrayado mío).

A partir de esta propuesta, el texto artístico tendrá como soporte discursivo no sólo los elementos retóricos que le permiten formalizar su expresión, sino que descansará en unos postulados científicos por donde se articula "la verdad".

Esta concepción de las formas de representación acerca a Lessing a los postulados de los empiristas ingleses, concretamente al trabajo asociacionista de David Hume.[10] Según Hume en su *A Treatise of Human Nature* (1740), todas las percepciones de la mente humana se reducen a dos tipos: impresiones e ideas. Hume incluye bajo impresiones todo tipo de sensaciones, pasiones y emociones. Las ideas son para este filósofo social las imágenes

---

[10] David Hume en su *A Treatise of Human Nature* hace los siguientes señalamientos que creo pertinentes para entender los postulados de Lessing:

> All the perceptions of the human mind resolve themselves into two distinct kinds, which I shall call impressions and ideas. The difference between these consist in the degrees of force and liveliness, with which they strike upon the mind, and make their way into our thought or consciousness. Those perceptions, which enter with most force and violence, we may name impressions; and under this name I comprehend all our sensations, passions and emotions, as they make their first appearance in the soul. By ideas I mean the faint images of these in thinking and reasoning... (49) Were ideas entirely loose and unconected, chance alone wou'd join them; and 'tis impossible the same simple ideas should fall regularly into complex ones (as they commonly do) without some bond of union among them, some associating quality, by which one idea naturally introduces another... The qualities, from which this association arises, and by which the mind is after this manner convey'd from one idea to another are three, viz, RESEMBLANCE, CONTIGUITY in time or place, and CAUSE and EFFECT (58).

Hay que señalar que, aunque el *Tratado* fue traducido al alemán en 1790 (recordemos que el *Laocoonte* es de 1766), según nos señala Dilthey ya para 1760 la psicología de Hume era discutida en la Academia de Berlín (165-176).

opacas en el pensamiento y en el razonamiento. Esta preocupación por la percepción que comparten Lessing y Hume lleva a este último a producir una poética de la recepción textual:

> Salir al paso de esta manera equivocada de *ver* y de *sentir* estas dos artes, así como de los juicios infundados que de este modo de ver se derivan, es el designio fundamental de las consideraciones que siguen (39).

Su teoría de la recepción toma como punto de partida el *efecto* de los textos sobre *las acciones* y *los pensamientos* del destinatario. Lessing reconoce, por su parte, que aunque pueda haber similitud de *efecto*, las "dos artes difieren una de otra, tanto por sus objetos como por el modo como imitan la realidad (por la materia y por los modos de imitación)" (38-39). Este reconocimiento de las diversas formas de producción y de la materialidad textual lo lleva a esbozar una tipología de las pasiones en las diversas formas de representación para mostrar "la impresión que la obra entera produce en el lector" (69). Según señala Lessing, "hay determinadas pasiones y determinados grados de pasión" (50).

Sobre este aspecto, en la teoría más actual, Lozano (1986) sostiene que:

> ...a partir de una semiótica de la manipulación se ha vislumbrado una semiótica de las pasiones, creada a la luz de las teorías filosóficas que históricamente se han ocupado de tal cuestión. La pasión, el estado pasional, aparece en un primer momento como el resultado de un hacer que afecta al sujeto como un efecto ("afecto") de sentido. Sin embargo, la dialéctica acción/pasión no debe ser vista como el juego entre polos excluyentes en el desarrollo de un recorrido narrativo, por ejemplo, entre destinador-manipulador (agente) versus destinatario-manipulado (paciente) (83-84).

En un recorrido narrativo manipulatorio va a producirse una "afectación" ya sea de satisfacción o de frustración en el destinador-manipulador, según el resultado obtenido de su acción. Además, el sujeto manipulado puede convertirse por la afectación de una pasión en un sujeto de hacer (84). Lessing describe esta relación entre manipulador/manipulado al hablar de la influencia que los diferentes recursos materiales utilizados para atraer la atención ejercen sobre los sentimientos del lector. En la siguiente cita, Lessing, desde una perspectiva manipulatoria, habla de la impresión que la obra entera produce sobre el espectador:

> No hay nada tan engañoso como aplicar leyes generales a nuestros sentimientos. Su trama es tan fina y complicada que a la más escrupulosa especulación apenas le es posible hacerse con un hilo de la malla e irlo siguiendo a través de todos los puntos en los que se entrecruza con los otros. Y en el caso de que lo lograra, ¿de qué serviría? En la Naturaleza no hay ningún sentimiento puro: junto con cada uno de ellos surgen otros mil de los cuales *el más insignificante es capaz de cambiar totalmente el sentimiento fundamental*, de este modo van saliendo excepciones y más excepciones que acaban reduciendo la ley general a la mera experiencia de unos cuantos casos particulares (69-70, subrayado mío).

En esta cita podemos observar dos aspectos: primero, al decirnos que "el más insignificante es capaz de cambiar totalmente el sentimiento fundamental", Lessing articula los principios de asociación expuestos por Hume en su *Tratado*; y, segundo, que en Lessing el sujeto de afecto de la manipulación se convierte en un sujeto de hacer, ya que el entendimiento lo logra este sujeto a través del acto asociativo. Por eso, en otro momento nos dice:

> ...el cuadro de Pandaro, en el canto cuarto de *La Ilíada*, es uno de los más acabados y de los que mayor poder tienen para sucitar imágenes y asociaciones en el lector (161-162).

Dentro de los parámetros de la función de autor, podemos concluir que el *Laocoonte* sirvió para detonar unas prácticas discursivas cuyo próposito ha sido destacar *el efecto* que los soportes materiales y discursivos del texto pueden ejercer en el lector. Este efecto no descansa en el artificio retórico de la persuasión, sino en el reconocimiento del papel que tienen los mecanismos cognoscitivos del sujeto humano para la recepción textual. Por ejemplo, al hablar del modo en que "llegamos a la representación clara y precisa de una cosa que se encuentra en el espacio", dice:

> Primero observamos sus elementos uno por uno, luego la conexión que existe entre estos elementos, y, finalmente, el total. Nuestros sentidos realizan estas operaciones con una rapidez asombrosa que se nos antoja llevar a cabo una sola y única operación, y esta rapidez es necesaria e ineludible si queremos cobrar una noción del total, el cual no es otra cosa que el resultado de las nociones de cada uno de sus elementos así como de la conexión que existe entre ellos... para la vista, los elementos observados en el todo permanecen presentes de un modo constante; puede recorrerlo una y otra vez; para el oído, en cambio, los elementos percibidos se pierden si no permanecen en la memoria (176).

Las prácticas discursivas abiertas por el *Laocoonte* se inscriben en el proyecto cultural burgués de un público consumidor inmerso en un mercado cultural tanto económico como psicológico. Estas nuevas prácticas discursivas suponen la destrucción de un público lector culturalmente racionante, y la elaboración o construcción de un público-masa, consumidor de cultura. Habermas en su *Historia y crítica de la opinión pública* señala que durante el siglo XIX se produjeron unos textos de "facilitación psicológica" que se valieron de recursos tanto ópticos como literarios. Según Habermas, este público se había cultivado en la subjetividad por medio de la lectura de la literatura psicológica del siglo XVIII (197-199). Este mismo crítico reconoce en la prensa la primera formación textual de "facilitación psicológica":

> La prensa de masas se basa en la transformación comercial de la participación de amplias capas en la publicidad que tiende a hacerla accesible sobre todo a las masas. Esa publicidad ampliada mermó el carácter político de la prensa en la medida en que el medio de la "facilitación psicológica" pudo convertirse en el fin en sí mismo de un mantenimiento comercialmente fijado del consumo (197).

La publicidad fue la primera práctica discursiva de la cultura burguesa en legitimar los principios de una psicología científica de la recepción. Lessing, por su parte, ya había atado estos principios de la psicología científica a la concepción de tiempo y espacio del proyecto ilustrado. Al hablar de la producción / recepción textual de las representaciones poéticas y pictográficas, nos dice:

> ...la primera es una acción visible pero que tiene un carácter progresivo, sus distintas partes se desarrollan una después de otra, en el curso *del tiempo*; la segunda, en cambio, es una acción visible pero estática, sus distintas partes se desarrollan unas al lado de otras, en *el espacio* (162, subrayado mío).

Para Lessing la pintura se sirve "de figuras y colores distribuidos en el espacio" y la poesía, "de sonidos articulados que van sucediéndose a lo largo del tiempo". Señala que a los objetos o, a las partes yuxtapuestas de ellos, los llamamos cuerpos y que, por esta condición de yuxtaposisción, son el objeto propio de la pintura. Indica además que "los objetos sucesivos, o sus partes sucesivas, se llaman en general, acciones. En consecuencia, las acciones son el objeto propio de la poesía" (165). Concluye Lessing su razonamiento diciendo que:

> Sin embargo, todos los cuerpos existen no sólo en el espacio, sino también en el tiempo. Duran, y en cualquier momento de esta duración pueden ofrecer un aspecto distinto o contraer relaciones distintas con las demás cosas (165-166).

Estas observaciones de Lessing nos permiten que entendamos la objetivación que se logra de las cualidades de tiempo y espacio a través de las tecnologías de representación. El proyecto ilustrado asumió los conceptos de tiempo y espacio como fuentes de poder social que celebran y facilitan la emancipación del "Hombre" como un individuo libre y activo, dotado de conciencia y voluntad (Harvey, 1989, 249). Esta nueva concepción del tiempo y del espacio fue de vital importancia para la formación de la subjetividad burguesa. Bourdieu nos señala que la razón para exigir tan rigurosamente la sumisión a los ritmos colectivos se debe a que las formas temporales o las estructuras espaciales organizan no sólo la representación que tiene del mundo el grupo social sino al grupo mismo, el cual se ordena de acuerdo con esta representación. La idea de que hay un tiempo y un lugar para todo se traduce en una serie de reglas que reproducen el orden social al asignar significados sociales a tiempos y a espacios (Bourdieu, citado en Harvey, 214).

Kant en su *Crítica de la razón pura* colocó las nociones de espacio y tiempo dentro de su estética trascendental señalando que son "dos fuentes de conocimiento de las cuales a priori podemos extraer diferentes conocimientos sintéticos" (51). Esta objetivación del conocimiento en condiciones de tiempo y espacio presupone un sistema homogéneo en donde los individuos comparten una subjetividad universal que les permite una percepción comunitaria. Fue el proyecto ilustrado el que hizo avanzar los conceptos de tiempo y espacio de la revolución renacentista. Lo que muchos toman como el primer gran paso de la modernidad no fue otra cosa que el dominio de la naturaleza como condición necesaria para la emancipación del hombre. Los filósofos de la Ilustración pensaron manipular el futuro a través del control del espacio y del tiempo. Este control lo ejercerían mediante la predicción científica, la organización social y la planificación racional (Harvey, 249).

La sistematización de la producción y la recepción textual, que propone Lessing, entronca con el proyecto ilustrado. Permite la posibilidad de racionalizar científicamente ambos procesos a partir de la apropiación de las nociones de tiempo y espacio. Michel de Certeau (1984), al discutir la relación entre ciencia y arte, puntualiza en el discípulo de Leibniz, Christian Wolff. Según Wolff, "el ingeniero" será una especie de "tercer hombre" que reparará las flaquezas de los teóricos, y liberará a los aficionados del arte de la idea que tienen estos aficionados de que pueden perfeccionarse sin necesidad de la teoría. Ese "tercer hombre" siempre persiguió el discurso ilustrado, y todavía hoy lo continúa haciendo. Su papel, representado cada día más por los tecnócratas, ha sido el de mantener aisladas las técnicas artísticas del arte (69). Lessing posibilitó unas prácticas textuales de representación racionalizadas por ese "tercer hombre" que se lanzó durante el siglo XIX a la tarea de perfeccionarlas por medio de técnicas que utilizaban combinaciones reguladas de formas, materiales y fuerzas.

La poética de Lessing resulta un manual para la producción de un texto artístico cuya finalidad es la de producir un efecto a través de la racionalización científica del tiempo y del espacio desde donde el lector puede colocarse para la recepción de este texto. Si aceptamos esta racionalización de la producción textual, nos encontramos ante una doble tensión. Según el concepto de *habitus* propuesto por Bourdieu (1984), las experiencias de espacio y tiempo son el lugar desde donde se construyen y se reproducen las relaciones sociales. Por lo tanto, estamos ante unas formas textuales cuya producción y recepción exigen una subjetividad en donde la apertura de los espacios del cuerpo y de la consciencia se da mediante la organización racional del tiempo y el espacio exterior a través de los hallazgos psicológicos y filosóficos del racionalismo. Martín Barbero (1987), al hablar de los procesos de enculturación de la cultura popular en la centralización del estado burgués, nos dice que ésta se da en dos campos: "el de la transformación del sentido del tiempo que, aboliendo el del ciclo, impone el lineal centrado sobre la producción, y el de la transformación del saber y sus modos de transmisión" (99). La propuesta hegemónica burguesa exigió una enculturación a través de *la racionalización* y transformación *del tiempo* y *del espacio* que permitieron la transformación del saber y de los modos de transmisión.

Lessing nos ha enseñado que la relación entre géneros, como la poesía y la pintura, no es un asunto puramente teórico, sino un tipo de relación social, esto es, político y psicológico; en otras palabras, es un asunto ideológico (Mitchell 112). Lessing racionaliza el temor ante la acción de formar *imágenes* que se puede encontrar en cada gran filósofo desde Bacon a Kant, hasta llegar a Wittgenstein; un temor a los *ídolos* que se cuelan a través del lenguaje y del pensamiento, los falsos modelos que mistifican la percepción y la representación (113). Esta racionalización nos coloca, por vez primera, ante el dispositivo de unas prácticas discursivas, cuya producción textual logra una reificación de las *imágenes* a través de la sistematización científica de los *efectos* que ésta produce. El control que estas prácticas discursivas ejercen sobre su producción y su consumo se logra por medio de una apropiación de las coordenadas espacio/temporales desde donde son activados estos procesos.

Finalmente con Lessing asistimos a la formulación de un proyecto textual que permite explicar la relación entre la publicidad y la psicología científica. Con su lectura podemos comprender los mecanismos de control hegemónico de lo que hoy día conocemos como "la industria de producción de imágenes", la publicidad. No conformándose con proponer un método para entender la relación entre el arte y la ciencia, Lessing hizo operacionales, desde el arte y desde la ciencia, los mecanismos que permiten una producción textual cuya finalidad es la de producir un efecto en el lector a través de la imagen.

> Sin embargo, mi intención no es aquí justificar ni al poeta ni al pintor a partir de un parangón como el que he presentado entre dos buenos vecinos. Un simple paralelismo no prueba ni justifica nada. Lo que debe justificar al pintor y al poeta es lo siguiente: así como en el primero dos momentos distintos se encuetran tan cercanos y limitan el uno con el otro de un modo tan inmediato que, sin llamar la atención, pueden pasar por un solo y único momento, del mismo modo, en el poeta los distintos rasgos correspondientes a los distintos elementos y propiedades de los cuerpos que se encuentran en el espacio se suceden y de un modo tan rápido que creemos que los estamos oyendo todos a la vez.
>
> Laocoonte (188)

4. Efecto - narrativa - producto

La reja repetía el mismo tema decorativo —razos titánicos y serpientes— a lo largo de su entero recorrido, el perímetro ovalado de la isla. Era de construcción reciente mientras que el resto databa del siglo dieciocho. El Ama odió esa reja, como siempre había odiado —sin saber por qué— las obras de los artistas vieneses de principios de siglo, con su obsesión por las rectas paralelas, por las jaulas. Los hierros verticales figuraban serpientes paralelas, una con la cabeza hacia arriba, la siguiente hacia abajo, todas con la boca furiosamente abierta y la lengüeta rígida; las líneas horizontales eran en cambio una cadena de nudosos brazos que se iban tomando el uno del otro, describiendo un esfuerzo crispado y aparentemente sin esperanzas: en ellos se clavaban las serpientes. El Ama llevó los ojos al cielo, no podía soportar la visión de esa reja. Cerca del sol, nubes extrañas cambiaban de forma con rapidez inusitada. Parecían insinuar las letras un mensaje.

Manuel Puig
Pubis Angelical (1979)

Calkins (1916) fue uno de los primeros en reconocer los dispositivos que tenía la publicidad a su disposición para la producción textual. Comenta que la producción textual publicitaria es "creación al igual que lo son escribir un libro, pintar un cuadro y esculpir una estatua" (202). Señala que "es la parte más fascinante del trabajo publicitario, a la vez que la más trabajosa" (202). Según Calkins, es en la parte creativa donde el psicólogo ha encontrado un lugar en la publicidad. "El psicólogo estudia los procesos de una mente humana normal y deduce de estos procesos el tipo y clase de publicidad que apele, influya y motive" (202). Para Calkins, como para los demás fundadores del discurso publicitario, los recursos narrativos están en función de un *efecto*. Ahora bien, ¿cuáles fueron esas estructuras narrativas de las que se apropió el discurso publicitario en el momento en que dejó de ser un género periodístico para convertirse, como señala Wicke (1988), en una institución —un centro de producción de saber, un lugar de reglamentación económica, a la vez que un sistema representacional?(1) Wicke muestra que el concepto moderno de "lectura" sólo pudo darse dentro del espacio dialéctico abierto entre la novela y la publicidad.

Wicke (1988) utiliza el concepto bajtiniano de "heteroglosia"[11] para argumentar que:

> la exigencia "heteroglósica" sobre la novela es suministrada por una capitalización activa del lenguaje narrativo, el establecimiento, bajo la forma de agencias publicitarias, de unas poderosas y centralizadas fábricas de escritura, la apropiación del espacio público para unos nuevos modos de lectura, y las revolucionarias técnicas de la escritura que la publicidad engendró a través de su conocimiento técnico (15).

Esta pluralidad de discursos está prevista en Lessing en su propuesta de la quiebra de las fronteras entre los diversos géneros representacionales. La quiebra de las fronteras que permitió la pluralidad de discursos en la novela y en la publicidad se articuló mediante un repertorio narrativo que venía perfilándose desde el siglo diecisiete. La publicidad, al igual que la narrativa europea que se desarrolló a partir del siglo diecisiete y culminó con la novela

---

[11] Para Batjín, en su ensayo "Discourse in the novel", en *The Dialogic Imagination*, Caryl Emerson y Michael Holquist, trads. Austin: University of Texas Press, 1981:

> Every language in the novel is a point of view, a socio-ideological conceptual system of real social groups and their embodied representatives...any point of view, not an abstract, purely, semantic position; it must, consequently, have its own language with which it is organically united. A novel is constructed not on abstract differences in meaning nor on merely collisions, but on concrete social speech diversity (411-12).

Este entrecruzamiento de diferentes registros en el texto de la novela es lo que produce el efecto de "heteroglosia", o sea, una pluralidad de discursos.

realista del diecinueve, en su afán por "representar", quiso *fijar unas fronteras*, *establecer unos lugares comunes* y *describir geográficamente*, a la vez que, *utilizó personajes*, *formas de hablar* y *temas* característicos del nuevo pensamiento ilustrado y del nuevo orden económico.

En el caso de la publicidad, el repertorio narrativo fue atravesado por una racionalización científica de la producción textual que permitió la sistematización de los efectos que el texto debía ejercer sobre el lector. Esta sistematización científica de los "efectos psicológicos" hay que atarla a los mecanismos de un repertorio narrativo cuyos soportes discursivos son los recursos retóricos disponibles para construir el mundo ficcional.

La tipología provista por Bajtín (1982) para el estudio del género de la novela nos permite hacer un recuento del repertorio narrativo con el que contará la publicidad en la construcción de espacios ficcionales. Bajtín centra su tipología narrativa según la "estructuración de la imagen del héroe" (200). En la publicidad, el héroe es el "producto" o "producto-imagen", personaje principal de la relación de intercambio simbólico que propone el anuncio. "El nombre" que se le da al producto refuerza el monopolio de la empresa. El factor decisivo para este monopolio es la concentración en un sólo "personaje con nombre" de toda la comunicación estética, visual y verbal que se utiliza para delinear la mercancía (Haug 25). Georges Peninou (1976), utilizó el recorrido semionarrativo de Propp[12] para concluir que:

> El paso de la economía de producción a la economía comercial del mercado de marca no es sólo el paso de lo innombrado a lo nombrado. Es también el paso del realismo de la Materia (el nombre común) al simbolismo de la Persona (el nombre propio). Todo discurso antropocéntrico que la publicidad hace respecto a los objetos resulta concebible por la mediación de la marca, que hace penetrar al objeto en el circuito de la persona, porque la marca es, a menudo, tratada también como analogía de la persona (97).

---

[12]Peninou utiliza el recorrido narrativo propuesto por Vladimir Propp en su *Morfología del cuento*, Madrid: Editorial Fumdamentos, 1971.

La tipología de Bajtín permite conocer los tipos de argumento o composición textual utilizados por la narrativa publicitaria, ya que se centra en el principio de representación del héroe. El tema central de la tipología de Bajtín, el tiempo-espacio y la *imagen* del hombre en el espacio narrativo de la novela (Bajtín, 210), nos acerca al proyecto poético de Lessing, a la vez que nos permite dar coherencia global al proceso de producción/recepción textual. Pensemos la tipología de Bajtín a partir del canon publicitario. Ella permite que reconozcamos las leyes y los principios narrativos de la publicidad descritos por French (1915) en la siguiente cita: "en todo lo que llamamos arte, como en mucho de lo que se hace en la industria, hay ciertos cánones artísticos; es por esto por lo que la publicidad ha incorporado ciertas *leyes* y *principios* del arte como parte de los suyos" (220). La tipología propuesta por Bajtín permite que enmarquemos las leyes y los principios de los posibles recorridos narrativos de la publicidad dentro de las coordenadas de espacio y tiempo del proyecto de Lessing.

A partir de la tipología de Bajtín, encontramos un primer recorrido narrativo en donde el tiempo histórico está ausente y sólo se ponen de relieve las diferencias y contrastes del producto o producto imagen; las relaciones importantes se omiten casi totalmente; no existe la comprensión de tales fenómenos socioculturales como naciones, países, ciudades, grupos sociales, profesiones. "De ahí deriva la típica visión de grupos sociales, naciones, países, vida cotidiana ajena como algo exótico, es decir, éstos se presentan como diferencias, contrastes, como lo ajeno" (201). Según Bajtín, este tipo de narrativa tiene como característica "la fragmentación del mundo en cosas, fenómenos, acontecimientos aislados, que o bien se presentan como contiguos o se alternan" (201). A partir de esta estructura narrativa, el producto o producto-imagen será un punto que se mueve en el espacio y, aunque la situación cambie, sigue siendo lo mismo (200-201). La publicidad se apropia de este recorrido narrativo y nos ofrece unos textos que deshistorizan y fragmentan la realidad cotidiana por donde circulan los productos. A través de este tipo de recorrido narrativo, la publicidad se ha encargado de hacer que esta propuesta de deshistorización y fragmentación de la realidad se convierta en uno de los ejes centrales de la subjetividad del hombre contemporáneo.

Siguiendo la propuesta bajtiniana, el segundo tipo de forma narrativa se constituye como una serie de pruebas por la que pasan los productos o el producto-imagen. Son pruebas de fidelidad, valor, valentía, virtud, nobleza, santidad. La organización de la imagen del producto, la selección de rasgos y su correlación, la manera de vincular los actos con los acontecimientos y con la imagen del producto se determinan mediante su defensa (apología), justificación, glorificación. Este tipo de recorrido narrativo se constituye sobre acontecimientos y situaciones excepcionales que no pueden existir en una duración temporal real; "el tiempo carece de parámetros reales, le falta una ubicación histórica, es decir, fijación en una determinada época histórica, relación con sucesos y condiciones históricas" (204-205). Según comenta Bajtín, un logro de este recorrido narrativo es la elaboración del tiempo psicológico, que se caracteriza por su *efecto* sensible y por su duración en la representación del peligro, de largas esperas, etc. Además, todo lo que rodea al héroe de esta narrativa se convierte en un decorado, en un mobiliario; toda la ambientación ocupa un lugar importante (el exotismo geográfico predomina sobre el social), aunque no haya interacción entre el héroe y lo que le rodea (206).

La tercera de estas narrativas se ata a los éxitos y fracasos que constituyen los rasgos específicos del producto o producto-imagen. El argumento se basa en los momentos principales que narren estos éxitos o fracasos. Es así como la acción se concentra en las hazañas, méritos, creaciones o en elementos organizativos de su constitución. En esta secuencia narrativa, aunque no hay una temporalidad histórica, se representa la vida mediante generaciones. Aquí el producto se caracteriza por sus rasgos tanto positivos como por los negativos; no se pone a prueba.

Es importante que se tenga presente que ninguna de estas tipologías narrativas excluye a la otra. Si, por un lado, estas tipologías proveen con unos mecanismos que permiten analizar la coherencia global de la producción/recepción textual, por otro, la preocupación por la espacialización temporal del héroe nos remite a la poética de Lessing, desde donde advertimos la complementariedad entre los procesos de producción y de recepción.

Todos estos principios constitutivos, nos señala Bajtín, prepararon el desarrollo de las formas sintéticas de la novela que se dio en el siglo XIX (210). Sin embargo, comenta que para comprender ese proceso hay que evaluar también los principios de la novela de desarrollo que surgió en Alemania en la segunda mitad del XVIII. Es aquí donde surge la bifurcación entre la publicidad y la novela. Wicke (1988) nos ha señalado que el entrecruzamiento entre novela y literatura hizo que cayeran en la misma red dos discursos independientes, ninguno de los cuales puede ser comprendido si no se hace referencia al otro (1-2). Sin embargo, la novela de desarrollo permite que el tiempo penetre en el interior del hombre, forme parte de su imagen, cambiando considerablemente la importacia de todos los momentos de su vida y destino; se asiste al desarrollo del hombre; el hombre se transforma junto al mundo (Bajtín, 212-214). Es aquí donde se da la ruptura entre publicidad y novela. La publicidad no articula esta relación entre espacio y tiempo y el desarrollo del héroe. La publicidad, por su parte, articula la compresión de tiempo y espacio que las primeras tres formas narrativas le permiten. Esta cuarta forma "trata precisamente del desarrollo de un hombre; la fuerza organizadora del futuro es aquí, por lo tanto, muy grande [se trata de un futuro histórico, no de un futuro biográfico privado (como el del producto o producto imagen)]" (215).

La tipología de Bajtín nos permite reconocer los mapas narrativos que propone la publicidad al plantearse el problema de un tiempo dominado por una lógica espacial. El ejemplo más representativo de cómo la publicidad asume el problema de una temporalidad espacial es el del *outdoor* o valla publicitaria. En ésta la compresión de tiempo y espacio no sólo se da en el aspecto textual, sino también en el de la recepción.

La publicidad es cosa de la psicología, como nos señala Mattelart (1991), pero también de la narrativa, como nos indica Wicke (1988). La publicidad, formación cultural de la modernidad, fue la primera narrativa masiva en proponer la compresión de espacio y de tiempo para la organización racional de la sociedad y la emancipación del hombre, tal y como fue esbozada por el proyecto ilustrado. La rápida canonización de la publicidad como institución y forma de saber fue la respuesta a la necesidad que tuvo el proyecto capitalista de erigir un discurso detonador o estructurado y estructurante, como diría Bourdieu al hablar del habitus, de las prácticas dicursivas necesarias para su formación hegemónica. La publicidad es a la vez arte y ciencia, forma empresarial y forma de representación, texto y tecnología, sujeto y objeto de la modernización capitalista.

AFICIONADOS A LA FOTOGRAFIA

No comprar ningún aparato
sin haber visto antes el *Catálogo ilustrado* del

VERASCOPE RICHARD

AGENTE EN BUENOS AIRES :
LUTZ & SCHULZ
FLORIDA, 240.

Los exploradores, colonizadores, misioneros, militares, marinos, alpinistas, depormanes, turistas y aficionados en general, aseguran que el VERASCOPE es verdaderamente LA MARAVILLA FOTOGRAFICA, pues con él no han experimentado nunca la más pequeña decepción.

○ ○ ○ ○ NO TIENE RIVAL ○ ○ ○ ○

EXIGIR
LA MARCA DE
FABRICA

DESCONFIAR DE LAS
IMITACIONES

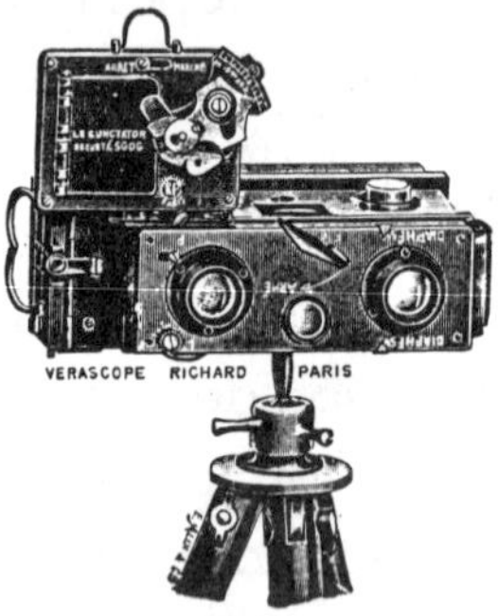

Prospectos ilustrados, gratis y franco portes : **25, rue Mélingue, PARIS.**

De venta en todos los grandes establecimientos de artículos fotográficos del mundo.

¡ NOVEDADES !

Almacén para Películas en bobinas intercambiable con el Almacén para Placas, cargándose á plena luz.

Le Cunctator (patentado) con disparador automático á tiempo, permite al aficionado fotografiarse á sí mismo, constituir el primer término de sus estereogramas y animar el paisaje.

PARA LOS PRINCIPIANTES EN FOTOGRAFIA
la "Jumelle stéréoscopique idéale" y la más económica es

EL

Glyphoscope

Patentado
S. G. D. G. **Precio : 35 fcos.**

Posee todas las ventajas especiales del " **VERASCOPE** ".

Capítulo II

De Berlim, a partir do início dos anos 30, introduziu-se Enigma em todos os escalões da polícia, da Wehrmacht, da Luftwaffe, da Kriegsmarine. Hitler confia cegamente nela. Pode fornecer un número quase infinito de alfabetos cifrados a partir de uma simples modificação do sistema de chaves. Embora os anos seguintes vejam nascer o radar, a goniometria de alta freqüência, a microfotografia, os primeiros trabalhos sobre a bomba atômica e os fogetes inter-continentais, os inicios da cibernética, Ultra e Enigma, as duas irmãs gêmeas, têm um alcance imediato mais considerável...o Enigma alemão e, mais tarde, o Ultra britânico...São terríveis aparelhos que garantem, no caso alemão, o segredo das comunicações, no caso inglês, a leitura dessas mesmas comunicações...Enigma fala e Ultra ouve.

Jean Marabini
A vida cotidiana: Berlim no tempo de Hitler
(orig. pub. 1985)
(Marina Appenzeller, trad.)

1. Publicidad y modernidad - I

...advertisements are of great use to the vulgar: first of all, as they are instruments of ambition...A second use which this sort of writings have been turned to of late years has been the management of controversy...The third and last use of these writings is to inform the world where they may be furnished with almost everything that is necessary for life...

Joseph Addison
"Advertisements"
(orig. pub. 1710 en *The Spectator,* Londres.)

El primero en proponer la relación entre publicidad y modernidad fue George French (1915) en su libro *Advertising the Social and Economic Problem*. French canonizó a la publicidad como discurso de la modernidad. Definió la publicidad como parte integral de la vida moderna, necesaria para el progreso, con poderes sobre la gente y, finalmente, como uno de los promotores de la civilización (11). La publicidad se constituyó en la estructura discursiva más importante de la modernidad capitalista a partir del entrecruzamiento de la psicología, la estética y la narrativa. En este capítulo propondré una lectura de estos tres sistemas a partir del pensamiento del filósofo-psicólogo estadounidense John Dewey. El canon publicitario estadounidense fijó las prácticas discursivas que hoy reconocemos como *la publicidad* a partir de la incorporación que hizo del proyecto cultural de Dewey. Según Dewey (1963, orig. pub. 1899), en su proyecto cultural, "el psicólogo contribuye a ese conocimiento ordenado que permite al ser humano asegurar por sí solo su crecimiento y dirigir el flujo de los valores necesarios en la vida de manera más equitativa"(315).

Establecer los vínculos entre el proyecto cultural de Dewey y el canon publicitario nos ayuda a enteder posturas actuales ante la publicidad. Utilizo dos citas que corresponden a formas de pensar la publicidad desde perspectivas no empresariales y que dan por sentado, sin cuestionar, la relación entre publicidad y "las ciencias exactas". José Ramón Sánchez Gúzman dice en su libro *Introducción a la teoría de la publicidad* (1979) que:

> Una teoría es, por lo tanto, un sistema de leyes. Y, en este sentido, la consideración de la publicidad como disciplina científica tan sólo puede ser tenida en cuenta cuando el estudio de los hechos publicitarios se acometa a través de un sistema de leyes suficiente que permita una explicación lógica de esos hechos. Potencialmente, pues, es posible enmarcar a la publicidad en el árbol de las disciplinas científicas. Y aunque la evaluación de los diferentes intentos teóricos aún no permitan hablar de una "ciencia publicitaria" con autonomía propia, *la constitución de esa ciencia ocupa y preocupa a gran número de investigadores, de cuya labor es posible que se obtenga, en un futuro próximo, las bases de sustentación científica de la técnica publicitaria* (32-33, subrayado mío).

Por otro lado, Gérard Lagneau (1982) comenta:

> Los despachos de estudios de las agencias [de publicidad] y los congresos de especialistas del "marketing" producen una ciencia del consumidor y, más exactamente, del comportamiento de éste. Esta "behavioral science" se enseña en las universidades; consiste en un bricolaje intelectual que utiliza elementos arrancados a tal o cual disciplina para sacar de ella catálogos de recetas para comunicar eficazmente con los consumidores (citado en Mattelart, 1991, 73).

Véase cómo la publicidad es colocada en ambas citas dentro de las llamadas "ciencias exactas". Es aquí donde la publicidad entronca con el proyecto cultural de Dewey, con todas las implicaciones que la adhesión a este proyecto pueda traer consigo. Dewey publicó dos artículos en *The Psychological Review* que revelan cómo pudo operarse el entroncamiento entre la publicidad y la psicología funcional: "Psychology and Social Practice" (1900) e "Interpretation of the Savage Mind" (1902).

2. La era de la ciencia

LES COLLINES
(fragmento)
Guillaume Apollinaire

Voici s'élever de prophètes
Comme au loin des collines bleues
Ils sauront des choses précises
Comme croient savoir les savants
Et nous transporteront partout

La grande force est le désir
Et viens que je te baise au front
o légère comme une flamme
Dont tu as toute la souffrance
Toute l'ardeur et tout l'éclat

L'âge en vient on étudiera
Toute ce que c'est que de souffrir
Ce ne sera pas du courage
Ni même du renoncement
Ni tout ce que nous pouvons faire

On cherchera dans l'homme même
Beaucoup plus qu'on n'y a cherché
On scrutera sa volonté
Et quelle force naîtra d'elle
Sans machine et sans instrument

3. Dewey y la hegemonía postmoderna

Hoy más que nunca se hace imprescindible una lectura del canon publicitario a partir de la obra de John Dewey. Recientemente, su fantasma ha estado rondando a aquellos pensadores que, ante la desestabilización y la quiebra de los proyectos hegemónicos tradicionales durante las últimas dos décadas, intentan reinstaurar regímenes estables de significación. Harvey (1989) comenta que, ante la imposibilidad de un proyecto global de representación y de acción, el retorno a una "Pragmática" a lo Dewey se ha convertido para algunos pensadores de la postmodernidad en el único proyecto viable de una filosofía de la acción (52). Diversos sectores de la intelectualidad estadounidense han invocado su obra y el papel fundacional que ésta tuvo en el desarrollo de las ciencias humanas en ese país.

Allan Bloom (1987), en su libro *The Closing of the American Mind*, ubica a Dewey dentro de la modernidad de ese país. Bloom, uno de los pensadores más conservadores y reaccionarios de la academia estadounidense actual, articula las propuestas culturales de la era "reganiana". Bloom ataca todo lo referente a la modernidad. Es este ataque el que lo lleva a decir que el liberalismo sin derechos naturales que propusieron John Stuart Mill y John Dewey sirvió para mostrar que el único temor que se debe tener es el de estar *cerca* de formaciones emergentes, nuevas, o sea, de las manifestaciones de progreso (29). Señala Bloom que la filosofía pragmática de Dewey no era otra cosa que la utilización de métodos científicos como métodos válidos para lograr la democracia, o sea, un pragmatismo basado en la idea de que el mejoramiento del individuo no tiene límites. La historia y el pasado, en este contexto, se convierten en impedimentos para llevar a cabo el análisis racional del presente (Bloom, 56). Bloom se apropia de una cita de Weber para resumir el proyecto cultural de Dewey y sus contemporáneos como el de unos *big babies*.[1] Con esta misma actitud negativa ante la modernidad, E.D. Hirsch, en su libro *Cultural Literacy*, es otro de los que también crítican el proyecto cultural de Dewey.[1]

Richard Rorty (1982) comentó en su libro *Consequences of Pragmatism* que en Estados Unidos "la época entre las dos guerras mundiales fue de profecías y de liderazgo moral —la época heroica del pragmatismo de Dewey" (61). Añade que: "durante la época de Dewey, un leve chauvinismo estaba de moda, y que ocasionalmente sentimos nostalgia por él..." (69).

Sobre estos comentarios de Rorty, Jim Merod (1987) comenta que atribuirle sólo un "leve chauvinismo" a la época entre las dos guerras mundiales es restarle toda la fuerza al acometimiento de Dewey *hacia la beligerancia de un militarismo nacional estadounidense* (51). Merod utiliza una cita de Randolph Bourne[3] para indicarnos lo fácil que fue para los intelectuales pragmatistas, encabezados por el profesor Dewey, pasar de la educación a la guerra (51). Merod señala que, en Rorty, esta nostalgia está atada al ideal estético del "pragmatismo liberal" de Dewey, de un arte que permitiera el control social de una manera inteligente (52).

Esta relectura que Rorty hace de Dewey apunta hacia la descripción que Scott Lash (1990) ofrece de un "postmodernismo

---

[1] La cita de Weber que utiliza Bloom del texto *Science as a Vocation* es la siguiente:

> Finally, although a naive optimism may have celebrated science- that is, the technique of the mastery of life founded on science- as the path which would lead to happiness, I believe I can leave this entire question aside in light of the annihilating critique which Nietzsche has made of "the last men" who "have discovered happiness." Who, then, still believes in this, with the exception of a few big babies in university chairs or in editorial offices?

Bloom concluye de esta forma: "One need only think of John Dewey to recognize that he fits Weber's description to a T, and then *remember what his influence here once was* (194-195, subrayado mío)

[2] Stanley Aronowitz y Henry A. Giroux, en su libro *Postmodern Education: Politics, Culture and Social Criticism,* Minneapolis: University of Minnesota Press, 1991, proveen un análisis más completo de las propuestas de Bloom y Hirsch, y de la reacción de éstos contra la modernidad.

[3] La cita que utiliza Merod es de: Randolph Bourne, *The Radical Will: Selected Writings, 1911-1918* (New York: Urizen, 1977) 342.

hegemónico". Lash nos habla de dos tipos de postmodernidad: hegemónica (*mainstream*) y contra-hegemónica (*oppositional*). El postmodernismo hegemónico, en donde ubicamos la propuesta de Rorty, llama a una implosión de lo cultural y de lo comercial, a la vez que propone un eclipse de las vanguardias, e intenta fijar los sujetos sociales a lugares específicos, promoviendo una jerarquización social basada en objetos culturales que funcionan como símbolos de "status" y los principios de la "distinción" (37).

La polémica de proyectos culturales como el de Rorty, cuyos fundamentos se encuentran en el proyecto de Dewey, surge de la visión que tienen de *un arte como forma de control social*. Sobre este tipo de arte Merod comenta lo siguiente: "No estoy seguro de qué tipo de arte es el que se involucra en tal actividad, a menos que sea el arte manipulatorio que normalmente llamamos propaganda..." (52). Desde la perspectiva estética de Dewey, la publicidad es el arte por excelencia, ya que su propósito primordial es el control social de los sujetos dentro del mercado capitalista. Pero, ¿cómo podemos llegar a esta conclusión? Como observaremos más adelante, el proyecto cultural de Dewey sirvió de marco conceptual para la legitimación de la publicidad por parte de las universidades estadounidenses.

4. Publicidad y modernidad - II

DEWEY RECOGE en su propuesta cultural el proyecto estético de la burguesía europea ilustrada y lo ata a la psicología funcional de Williams James (1890). Sin embargo, previamente a su lectura de la psicología funcional de James, Dewey desarrolló un método filosófico basado en la psicología. En su artículo "Psychology as Philosophic Method" (*Mind*, abril de 1886) dice:

> En "The Psichological Standpoint" (artículo publicado por la revista *Mind* en enero de 1886) me tomé la tarea de mostrar el desarrollo que caracterizó a la filosofía inglesa —el movimiento psicológico desde Locke—; esto no ha sido "remover ropa vieja", ni el estudio de un movimiento puramente negativo, cuya relevancia terminó cuando nos enteramos de que condujo necesariamente al movimiento "trascendental" en Alemania. Su significado más importante consistió en el hecho de declarar que en la conciencia están contenidos la razón y el criterio de toda la realidad; y que la psicología, la única ciencia de esta conciencia, se dedicará a mostrar y corregir la entereza de la realidad y la totalidad de la naturaleza; del mismo modo determinará el valor y la validez de los diversos elementos o factores de esta totalidad. Esta es la ciencia primaria de la realidad, ya que declara lo que la experiencia en su totalidad es; fija los valores y significados de los diversos elementos, mostrando su desarrollo y su lugar dentro de la totalidad. Es, en breves palabras, un método filosófico (109, 1963, orig. pub. 1886).

Alex Carey, en su artículo "Reshaping the Truth: Pragmatists and Propagandists in America (1987)", nos comenta lo siguiente:

> Los más influyentes pensadores sociales en la historia reciente de la sociedad estadounidense han sido William James y John Dewey...Ambos eran pragmáticos; esto quiere decir que sostuvieron que la verdad de una creencia depende no de la

evidencia que llevara a su adopción, sino de las consecuencias que tuviera su adopoción (35).

Carey señala que para James una idea es *verdadera* si creemos que es provechosa para nuestras vidas y que *lo verdadero* es sólo lo propio de nuestra forma de pensar, de la misma forma que *lo correcto* es lo propio de nuestra forma de comportarnos. Para Dewey las creencias se podían catalogar como "buenas" y "malas", y no como "verdaderas" o "falsas". Son buenas si el creer en ellas trae beneficios. Dewey propuso reemplazar la noción de "verdad" por la de "verdad garantizada" (*warranted assertibility*): cualquier creencia que traiga consecuencias provechosas se convertirá en una "verdad garantizada", sólo por el hecho de ser provechosa.

A partir de 1900, y durante veinte años, la prensa estadounidense estuvo inundada con artículos sobre el pragmatismo. La publicación de estos artículos comenzó con James y continuó con Dewey. El "evangelismo" de James y Dewey, que, según Carey, las corporaciones empresariales comenzaron a utilizar para solucionar sus problemas, nos permite entender el papel que tuvo el proyecto cultural de Dewey en el desarrollo de la publicidad moderna. "El punto de vista pragmático —esto es, la negación de un mundo independiente de las creencias humanas— sostenía que, dentro de unos límites amplios, los seres humanos pueden resolver sus problemas y frustraciones adpotando y promulgando cualquier creencia que les permita resolverlos" (35-36).

V.O. Key, profesor de política gubernamental de la Universidad de Harvard, mostró, en su libro *Politics, Parties and Pressure Groups* (1958), el estrecho parecido entre el pensamiento de James y Dewey y el de las corporaciones estadounidenses dentro del contexto político que se desarrolló en ese país a partir de 1900:

> Los hombres de negocios son una minoría altamente vulnerable al ataque político... Estos tienen que depender de algo más que de votos. Tienen que usar su astucia y dinero para generar una opinión pública que se someta al disfrute del *status* que tiene el comercio en el orden económico... Para ganar el favor del público, las asociaciones empresariales emplean un gran número de expertos en relaciones públicas, aquellos maestros

> de la magia verbal que convierten las ventajas del sector privado en un bien público... y tienen que llevar a cabo una propaganda continua y calculada que mueva al público hacia unas actitudes favorables con respecto al sistema empresarial (Key, citado en Carey, 36-37).

El concepto de "verdad garantizada" estrechó los vínculos entre el pragmatismo y el mundo corporativo estadounidense. Desde una perspectiva publicitaria, este concepto legitimó la promoción de cualquier cosa; lo único que importaba era que el anunciante creyera que la promoción era socialmente provechosa.

Dewey en su artículo "Psychology as a Philosophical Method", señaló que la "psicología es la consecución del método filosófico ya que en éste, ciencia y psicología, hecho y razón, son una sola cosa" (123). Dos años más tarde, en 1888, Dewey publicó un tratado que estudiaba la relación entre ciencia y filosofía en la obra de Leibniz. Este tratado, *Leibniz's New Essays Concerning the Human Understanding*, cerró la primera época de la psicología de Dewey. De 1890 en adelante se concentró en avanzar las propuestas de la psicología funcional de James (1890) y en el desarrollo de su "filosofía pragmática". Sin embargo, sus lazos con la cultura alemana lo llevaron en 1915 a publicar su libro *German Philosophy and Politics*. Este libro fue escrito ya en una etapa madura de su pensamiento,[4] en un momento en que queda claro el papel que adjudica a la psicología y a la estética como formas de control social. En él comenta:

> Hoy en día, Alemania es el estado moderno que proporciona las mejores facilidades para que el consentimiento general tome lugar a través de la inculcación social. Su sistema de educación tiene ese propósito. Los centros e instituciones universitarias pertenecen al Estado, no sólo de nombre. Aunque existe la libertad de cátedra, las autoridades políticas, a través de una articulación crítica, siempre han tomado parte en la contratación de profesores en aquellas áreas que influyen

[4] Creo que es importante señalar que el libro consta de tres conferencias que dictó Dewey en la Universidad de Carolina del Norte en febrero de 1915. Cabe recordar que la Primera Guerra Mundial comenzó en 1914.

> directamente en la vida política. Además, una de las funciones principales de la universidad es la de preparar a los futuros oficiales del Estado. La filosofía, directa e indirectamente, juega un papel importante en su entrenamiento (1915, 14-15).

Dewey se apropió del proyecto ilustrado de la burguesía europea para proponer el control social y el ordenamiento racional de la sociedad. Para él, como para los ilustrados, existía una única forma de representación que permitía el control y el ordenamiento de lo social. Si para la Ilustración esta única forma se revelaría a través de la ciencia y de las matemáticas, para Dewey se daría a partir de la psicología funcional.

Su libro *Art as Experience* (1934) recoge los postulados de este arte racional cuyo interés es el control social. La tesis central del libro es que la percepción de cualquier objeto físico lleva hacia una acción: "todo impulso que ha tomado conciencia de sí, trata de acumular, incorporar y digerir un objetivo material semejante" (255). "Más importante aún", señala Dewey, "es el hecho de que la necesidad tiene como fuente en su forma más primitiva la adhesión a los objetos. La percepción nace cuando el afán por los objetos y sus cualidades trae a la consciencia la necesidad orgánica de la adhesión" (256). Dewey centra su preocupación en *el objeto*: "No veo mejor prueba, comenta, que las condiciones sociales actuales, por medio de las cuales el proceso industrial se lleva a cabo, como el factor decisivo para determinar la calidad artística o no-artística de un utensilio, y no algo inherente a la naturaleza de las cosas" (261). Vistas desde esta perspectiva, tanto la percepción de los objetos, como la del arte, son "una manera de apropiarse y de disfrutar del placer sensual de la racionalidad" (258). Esta postura de Dewey ante la racionalidad de la obra de arte es consonante con el apego a la racionalidad de la máquina, la fábrica, la tecnología, o la idea de la ciudad como una "maquina viva" que promulgaban algunos de los promotores de la modernidad de principios de siglo.[5]

[5] Harvey (1989) comenta que:
Un ala de los modernistas apelaba a la imagen de la racionalidad incorporada a la máquina, a la fábrica, al poder de la tecnología contemporánea, o a la

La idea de un arte basado en un positivismo lógico era compatible con las manifestaciones de control técnico que, a través del desarrollo científico, fueron incorporadas por varias prácticas modernistas (Harvey, 32).

En la publicidad se articulan los postulados de un arte basado en un positivismo lógico, según lo proponía Dewey. La publicidad que comenzó a practicarse después de 1945 entroncó con el establecimiento de un arte y unas prácticas sociales de progreso y emancipación en el seno de unas sociedades en donde una versión corporativa capitalista del proyecto ilustrado de desarrollo tomó el poder político y económico. Esta propuesta estética y su relación con el mundo corporativo se formalizaron como la estética oficial del *establishment* cultural, político y económico estadounidense.

Unir el desarrollo de la publicidad a un proyecto como el de Dewey permite que lo veamos como una práctica cultural que no surgió al margen de otros proyectos. El desarrollo de la publicidad durante el siglo XX formó parte de unas prácticas y unas propuestas estéticas que se basaron en la planificación positivista, tecnocéntrica y racional del orden social.

Dewey articula los postulados centrales de su proyecto cultural del control social en sus artículos "Psychology and Social Practice" y en "Interpretation of the Savage Mind". En ellos recogió los postulados estéticos de la burguesía europea y los incorporó a la psicología funcional.[6] El primero de estos artículos fue una conferencia dictada ante la junta de directores de la

---

ciudad como "máquina viva"..."La verdad es lo significativo de un hecho", dijo Mies van der Rohe, y un grupo de promotores culturales, particularmente aquellos que trabajaron alrededor del tan influyente movimiento Bauhaus de los años veinte, se lanzaron a imponer un orden racional (entendido "lo racional" como eficiencia tecnológica y producción industrial) para lograr unas metas socialmente provechosas (la emancipación humana, la emancipación del proletariado, y cosas de ese tipo) (31).

[6] Además de estos dos artículos creo que es importante señalar otros artículos en donde Dewey presenta otros conceptos teóricos de la psicología funcional: "The Ego as Cause", *The Philosophical Review* (mayo de 1894); "The Theory of Emotion", *The Psychological Review* (enero de 1894) y "The significance of Emtions", *The Psychological Review* (enero de 1895). En estos artículos Dewey propone una

"American Psychological Association" en 1899. El tema de la psicología educativa le sirvió a Dewey para mostrar a un grupo de psicólogos la relación entre la psicología y la práctica social. Argumenta que la educación es primordialmente un asunto social y, por lo tanto, toda ciencia de la educación es una ciencia social (295). El interés de la psicología es proporcionar las condiciones que aseguren el "progreso moral e intelectual y el poder" que permitan el control social (298).

Dewey postula que la educación tradicional niega al niño la posibilidad de obtener los mecanismos de control que le permiten atender sus necesidades personales y problemas. Queda claro en Dewey que estos mecanismos de control se obtienen a través de un agente, *the general educational theorist*, que no es otra cosa que un mediador entre el psicólogo y el maestro. Desde esta perspectiva, el maestro se convierte en el ejecutor del plan propuesto por el psicólogo y, por medio del *educational theorist*, se legitima el plan utilizado en la enseñanza. Es interesante destacar que Dewey se vale de una metáfora militar para describir el papel del maestro; lo describe como un soldado en espera de las órdenes de un comandante general. Para evitar que el maestro no cumpla las órdenes del *theorist*, manteniéndose, así, una relación pasiva, Dewey indica que el maestro debe convertirse en un estudiante de psicología para que consienta sin problema alguno a la "legítima división del trabajo" (300) que existe entre él y el *theorist*.

Dewey establece un modelo operativo en donde la escuela se convierte en un lugar favorable para ensayar las posibilidades de la psicología como arma para el control social: "porque la escuela va dirigida a la formación de cierto tipo de personalidad, con ciertas actitudes que preparan para la fuerza laboral" (311). Es interesante

---

relación entre los postulados de James (1890) en *Principles of Psychology* y los de Darwin (1872) en *Expression of the Emotions in Man and Animal*.

Todos estos artículos, al igual que otros de importancia para entender el proyecto cultural de Dewey, han sido recopilados por Joseph Ratner en: Dewey, John, *Philosophy, Psychology and Social Practice* (New York: G.P. Putnam's Sons, 1963).

observar la forma en que el maestro, según el modelo de Dewey, consiente con su papel pasivo de poner en marcha el proyecto de los psicólogos. Al respecto Dewey señala que:

> Tenemos que encontrar una razón específica en los principios de las actividades del maestro para que éste asuma que la psicología —la habilidad de transformar durante un periodo de tiempo a una personalidad viva en un mecanismo objetivo— no es simplemente una ayuda incidental, sino una necesidad orgánica (302).

La única solución para lograr su consentimiento es hacer del maestro un estudiante de psicología. Es a través de un consentimiento logrado de forma natural como el maestro se convierte en agente de los psicólogos para alcanzar el control social. El verdadero interés de Dewey es mostar a los miembros de la American Psychological Association la necesidad de preparar un "ejército" que, a través del consentimiento natural, "controle la formación y la ejecución de objetivos, permitiendo que el esfuerzo humano se utilice sana, racional y certeramente (315).

Esta forma de lograr el consentimiento concuerda con el modelo de propaganda propuesto por Herman y Chomsky (1988) en el libro *Manufacturing Consent: The political Economy of Mass Media*. Según el esquema de estos autores (*propaganda model*) la construcción del consentimiento se da una vez que los diferentes elementos del proceso comunicativo operan mutuamente, reforzándose recíprocamente para fijar las premisas discursivas y la recepción (2). El *educational theorist* es el filtro que permite que este "ejército" se convenza a sí mismo de que la ejecución de este proyecto forma parte de su "integridad" y "objetividad" profesionales.

La publicidad reproduce el modelo de Dewey. Es una *behavioral science* que se enseña en las universidades y consiste en un bricolaje intelectual que utiliza elementos arrancados a tal o cual disciplina académica para sacar de ella catálogos de recetas para comunicarse eficazmente con los consumidores (Lagneau, citado en Mattelart,

1991, 73). A través del filtro universitario, el publicista se legitima como el *mental worker* (operario de la mente), del cual habla Adams (1916) en su libro (20). Adams, utilizando el mismo esquema de Dewey, nos dice que el publicista debe ser un estudiante de psicología para que, a través del conocimiento propio, pueda hacer mejor uso de las herramientas que aquella pone a su disposición, y así lograr que surja una conciencia publicitaria (20). De esta manera se logra el consentimiento entre la psicología y el publicista. Este se apropia, de manera natural, de los postulados de la psicología como mecanismo que le permite el mejor rendimiento profesional. El texto de Adams se encargó de mostrar que la psicología forma parte de la integral capacidad profesional del publicista.

Ninguno de los tres textos que constituyen este canon publicitario son recetarios de cómo hacer publicidad. (El texto de Otto Kleppner (1925) será el primer gran recetario de la publicidad.) Como textos fundacionales, su propósito fue fijar las fronteras de la publicidad como práctica y como sistema social y económico de un proyecto hegemónico basado en un control social que se intenta lograr a través de la modernización y la tecnología, la reificación de la mercancía, la abstracción monetaria y la reordenación semiótica.

El ensayo "The Interpretation of the Savage Mind" de Dewey le sirvió a Adams como modelo para fijar unas actitudes publicitarias. En este ensayo Dewey amplió las teorías de la psicología funcional utilizando las teorías evolucionistas de Darwin. Este esquema evolucionista ya lo había propuesto en "The Theory of Emotion", sin embargo, su interés aquí es el de probar que "la mente, sea lo que fuere, es por lo menos un órgano que, por su relación a los procesos vitales, está al servicio del control del ambiente" (282). Este supuesto lleva a Dewey a decir que el factor determinante en todo grupo social es el tipo de trabajo que sus miembros llevan a cabo, o sea, su organización laboral. Esta visión de los miembros de un grupo social fue de gran importancia para el desarrollo de la llamada "psicología publicitaria". Según Dewey, "el tipo de trabajo determina los principales tipos de actividad y, por lo tanto, controla la formación y uso de hábitos" (283). Dewey amplía diciendo:

> Estos hábitos, por su parte, son algo más que prácticos y palpables. Tanto las "masas con una percepción interior" (*Apperceptive Masses*), como el tipo de asociación hecha a partir de las necesidades, se ajustan al tipo de actividad dominante. El tipo de ocupación determina los principales modos de satisfacción y los estándares para medir el éxito y el fracaso. Así también proporciona las clasificaciones operativas y las definiciones de valor; controla los procesos de deseo. Aún más, decide los objetos y las relaciones que son importantes, y ofrece el contenido o el material de reflexión, y las cualidades de interés significativo...El tipo de actividad ocupacional es tan fundamental y penetrante que puede servir de esquema o patrón de la organización estructural de los rasgos mentales (283-284).

Este modelo propone un sujeto fijo, centrado en su tarea ocupacional, y cuya relación con los objetos está mediatizada por su actividad laboral. La propuesta de Dewey legitima una división del trabajo como forma de control social. Su meta es la reconstrucción de los "patrones mentales" que permiten la agricultura, lo militar, lo profesional, lo tecnológico y el comercio. Para Dewey, la psicología genética muestra cómo se encubrieron los instintos primarios de la caza, y se sobrecargaron con un contenido que forzó a los sujetos a distanciarse del *deseo personal*, *la iniciativa*, *el esfuerzo* y *la satisfacción* (294). La labor de la psicología es la de poner otra vez a disposición de los sujetos el deseo personal, la iniciativa, el esfuerzo y la satisfacción que las agencias de control social habían encubierto, para que los sujetos encuentren interesantes los objetivos e ideales propuestos por estos mismos agentes de control. De esta manera los sujetos, según Dewey, se lanzan a la "caza" de la verdad, la belleza, la riqueza, el bienestar social, y hasta del cielo y de Dios (294). No podemos analizar el proyecto cultural de Dewey aislado de los procesos de modernización que se operaron en Estados Unidos durante el siglo XIX, y que marcaron la transición hacia unas condiciones sociales inscritas en relaciones impersonales y objetivas entre los sujetos sociales. Acabada la guerra civil:

> el nordeste industrial [estadounidense] se adueña a marchas forzadas del territorio americano, sometiendo la explotación de sus recursos a sus propios ritmos y modos. La guerra y el armamento le han dado este impulso, a partir del cual puede emprenderse la acumulación... Además...las trabas cuantitativas que suponían hasta entonces la exigüidad y rigidez del mercado del trabajo han sido derribadas por la inmigración. El último obstáculo importante que se alza todavía ante el desarrollo de la acumulación del capital sigue siendo la "holganza obrera sistemática", con la que Taylor abre el *Scientific Management*...[7] Así precisadas las cosas, el análisis de los tiempos y de los movimientos, protocolo central del *Scientific Management*, aparece como la respuesta durante tanto tiempo buscada por el capital para limitar y reducir la resistencia opuesta por el obrero de oficio y asegurar su expansión a gran escala (Coriat 35).

La propuesta de Dewey reduce a la ocupación de sus miembros la formación y el uso de los hábitos de un grupo social. Esto proveyó de los mecanismos para la legitimación del consentimiento de los sujetos sociales a la redistribución del tiempo y del espacio producto de la modernización industrial. Su proyecto legitimó unas prácticas sociales cuya finalidad era la imposición de unos procesos que permitieran la circulación del capital. Dewey proporcionó los mecanismos para la formación de un Estado autoritario, capaz de competir contra las diferentes facciones, la fragmentación producto del individualismo y los rápidos cambios sociales, en fin, todo aquello atado a los procesos de modernización y a la circulación del capital. Es por esta razón por lo que en "Psychology and Social Process" Dewey comenta que:

---

[7] Coriat hace referencia al texto de F. W. Taylor, publicado en 1911, *The Principles of Scientific Management*. Este texto describe cómo la productividad laboral puede aumentarse radicalmente al descomponer los procesos laborales en componentes en movimiento y en la organización de tareas fragmentadas según estándares rigurosos de estudios sobre el tiempo y el movimiento. Coriat maneja una edición preparada por Greenwood Press Publisher's, Conneticut, en 1972. Esta edición incorpora, bajo el título genérico de *Scientific Management*, las siguientes obras de Taylor: *Shop Management*, *The Principles of Scientific Management* y *Testimony before the Special House Committee*.

> Mientras las costumbres reinen, las tradiciones permanezcan, mientras los valores sociales estén determinados por el instinto y los hábitos, no hay ningún método consciente para su realización y, por lo tanto, no hace falta la psicología. Las instituciones sociales trabajan por su propia inercia, toman al individuo y lo arrastran consigo. El individuo es dominado por la masa del grupo al que pertenece. Las instituciones y las costumbres que llevan consigo cuidan de los ideales y de los miembros de la sociedad. Pero cuando los valores se hacen conscientes, una vez que un Sócrates haya insistido en la relación orgánica de una vida y una moral reflexiva, entonces, los medios, la maquinaria mediante la cual los ideales éticos son proyectados y manifestados, se hacen conscientes también. La psicología tiene que nacer una vez que la moral se hace reflexiva (313).

Con este modelo Dewey lleva hasta sus últimas consecuencias la propuesta que, desde Kant a Hegel, intenta mostrar cómo se puede lograr la implementación de una cohesión social bajo un tipo de vida en sociedad cuya actividad económica niega esta cohesión en todo momento (Eagleton, 1990, 146). El propio Dewey nos resume esta trayectoria en su artículo "On Some Current Conceptions of the Term Self", publicado en 1890 en la revista *Mind*. Propone en este texto que la actividad del "Yo" no puede ser una tercera cosa, distinta del pensamiento y de los sentidos, ni tampoco puede ser su unidad sintética (178). "Este problema —nos dice— surge al hacer del pensamiento kantiano un pensamiento autoconsciente a través de la eliminación del concepto *Ding-an-Sich* (el objeto en sí), y cuando el factor lógico o de pensamiento de su filosofía se desarrolló a la manera de Hegel" (178). Si en Hegel la filosofía es necesaria para lograr la armonía política que la fisura abierta por la sociedad civil no permite (Eagleton, 148), en Dewey este elemento armónico lo brinda la psicología.

Al confrontarse con el problema de lograr la armonía en un orden social lleno de conflictos, la propuesta hegemónica de Dewey va más allá de plantear como el común denominador de las propuestas hegemónicas, que van desde Kant a Hegel, la relación entre razón e intuición, dialéctica y estética. Dewey reconoce que la estética, como forma de conocimiento social, no resuelve por sí sola el problema de la relación entre el estado y la sociedad civil. Propone, sin embargo, que la psicología sirva de práctica institucional capaz de mantener el poder político y la cohesión social. Esta práctica social se dedicará a la reorganización semiótica continua, mediante propuestas textuales concretas que permitan la vinculación entre estética y ética, estética y moral, necesarias para el control social.

El funcionalismo tecnológico de la psicología funcional proporcionó el elemento mediador entre la estética del proyecto hegémonico de la burguesía europea y el nuevo orden del "Manifest Destiny" del capitalismo estadounidense. El capitalismo es, por naturaleza, tecnológicamente dinámico. Es por esto por lo que, para la contrucción de una nueva subjetividad, la psicología funcional definió el sujeto social como un mecanismo capaz de ser analizado en un laboratorio en donde se puede obtener la información necesaria para su incorporación a nuevos hábitos de percepción (Dewey, "Psychology and Social Practice" 308-311).

Este conocimiento de los sujetos sociales obtenido mediante la psicología funcional, permitió la construcción de unas formas textuales que reforzaron las nuevas prácticas económicas. Harvey señala que "la publicidad y la comercialización destruyen todos los trazos de la producción en el imaginario, reforzando el fetichismo que surge automáticamente en el transcurso de una economía de mercado" (102). En el caso de la publicidad, esto se logra mediante la creación de una industria textual cuyos mecanismos de producción forman parte del dinamismo tecnológico propuesto por el capitalismo. La formación de esta industria fue necesaria para lograr el "consentimiento" (la inscripción de la ley, como diría Rousseau) de los sujetos sociales al capitalismo, a la vez que propuso una relación unidireccional entre la sociedad civil y el Estado. Para el Estado esta industria aseguró cierta estabilización del mercado y sirvió para estetizar la moral y la ética.

5. Manifest Destiny Revisited

EL INFILTRADO
(fragmento)
Papeles de Pandora
Rosario Ferré

entonces levantarás en alto tu adarga alcantarilla
tu espada de teca y heroína
y saldrás fuera
comenzarás tu peregrinaje por los voltios
cruzando calles y levantando puentes
mirando por las ventanas sucias
para conocer todas las costumbres
a qué hora trabajan a qué hora comen a qué hora
duermen
toninos sobre su propio semen
subiendo y bajando todos los rascacielos
todos los guided missiles...

Capítulo III

Si amor o Muerte no hacen algún daño
a la nueva tela que ahora urdo,
y si me arranco yo del tenaz visco
mientras una con otra verdad acoplo;

haré tal vez un trabajo tan doble
entre el estilo de los *modernos* y el decir antiguo,
que (temerosamente oso decirlo)
hasta Roma oirás de él el estruendo.

Mas, puesto que me falta para concluir la obra
un poco de los benditos hilos
que le sobraban a aquel mi amado padre,

¿por qué tan firmes cierras para mí las manos
contra tu costumbre? yo ruego que las abras;
y verás resultar muy bellas cosas.

Petrarca
Soneto
(Trad. Atilio Pentimalli)
(siglo XIV)

1. Canon publicitario

The gift of doing it as it should be, amongst us, or - the great and principal act of ratiocination in man, as logicians tell us, is the finding out the agreement or disagreement of two ideas one with another, by the intervention of a third (called the medius terminus); just as a man, as Locke well observes, by a yard, finds two men's nine-pin-alleys to be of the same length, which could not be brought together, to measure their equality, by juxta-position. Had the same great reasoner looked on as my father illustrated his system of noses, and observed my uncle Toby's deportment...he would have concluded my uncle Toby had got hold of the medius terminus, and was syllogizing and measuring with it the truth of each hypothesis of long noses, in order, as my father laid them before him.

Laurence Sterne
The Life and Opinions of Tristam Shandy
(1781)

Asistimos con la propuesta textual del canon publicitario a la integración de diversas formaciones culturales, como son: la narrativa europea que se desarrolló a partir del siglo diecisiete, la poética de Lessing y el proyecto cultural de Dewey. El canon publicitario fijó y legitimó una práctica textual que racionaliza el efecto que produce el texto en el destinatario. Insertó la publicidad dentro de otra práctica, el marketing. Esta última es la que regula las acciones de la empresa. Tipper (1915) nos dice que:

> El aumento en las posibilidades de producción a través de los descubrimientos del vapor y la electricidad introdujeron al comercio los grandes problemas del marketing, el cual estimuló

> el uso de todas las estrategias de ventas, dándole mayor importancia a la estrategia publicitaria (4).

La publicidad fue la primera producción textual que racionalizó el efecto que produce un texto sobre el destinatario, utilizando "métodos que recuerdan aquellos utilizados para el rendimiento de la producción de la tierra". "Todo el saber se obtiene de las estadísticas, la sociología, la psicología y de esa ciencia tan peculiar que es la base de toda publicidad exitosa —el estudio de la naturaleza humana" (Calkins, 1916, viii-ix). Entre otras cosas, el canon publicitario sirvió para legitimar la producción estética dentro de la producción de mercancías.

Según Bajtín, todo género tiene sus métodos y medios para ver y conceptualizar la realidad, accesibles a él sólo; todo género importante es un sistema complejo de medios y métodos para el control consciente y la estructuración de la realidad; el apropiarse de cualquier aspecto de una época —las relaciones familiares, las relaciones sociales y psicológicas,etc.— es inseparable de los medios de representación, de las posibilidades necesarias para la construcción de un género (Bajtín, 1978, 133]). A partir de esta exposición, podemos decir que la publicidad se constituyó en un género discursivo capaz de proponer su propias formas de ver y conceptualizar la realidad; en otras palabras, fijó una lógica de producción / recepción textual desde un tiempo y un espacio propios del proyecto capitalista.

Si comparamos la publicidad con otras prácticas culturales de la modernidad —el expresionismo, el cubismo, las diferentes formas de experimentación en la novela y en la poesía—, encontramos que su admisión al canon académico por los centros de legitimación del saber, las universidades, se dio a la vez que se constituyó en estructura discursiva. Esto no ocurrió con otras prácticas culturales de principios de siglo cuya introducción al canon no se operó sino hasta después de 1945.

El hecho de que la aceptación en el canon de la publicidad haya legitimado una práctica textual basada en el entrecruzamiento entre estética, psicología y narrativa no quiere decir que este entrecruzamiento sea propio de la publicidad. Simón Marchán Fiz nos recuerda que:

> Tanto la psicología experimental de la estética como la estética psicológica de la Einfühlung (conjunto de aproximaciones teóricas que aparecen en Alemania entre 1870 y 1910) han ejercido, como es sabido, una enorme influencia sobre las poéticas artísticas de finales del siglo XIX y primeros del nuestro. El fraccionamiento de la estética en las ciencias humanas ha favorecido, sin duda, la propia fragmentación artística de la modernidad. Si la Einfühlung, que relega los métodos experimentales y científicos para resaltar los aspectos psicológicos de la emoción artística y fundamentar un entendimiento del arte como expresión, impregna a movimientos como el Art Nouveau, el Jugendstil centroeuropeo o el Expresionismo alemán, las experiencias llevadas a cabo por la estética psicofisiológica inglesa o la más positivista francesa o alemana serán invocadas asimismo por otras tendencias para justificar el carácter de experimento que define muchas de sus propuestas (232).

En el caso de la publicidad, este entrecruzamiento generó una práctica cultural cuyo propósito estuvo determinado por el contexto político y económico del proyecto imperialista de Estados Unidos, una vez concluida la Guerra de la Secesión.

2. Agosto de 1914: la apología necesaria

MY DEAR FELLOW, said Sherlock Holmes... life is infinitely stranger than anything which the mind of man could not invent. We not dare to conceive the things which are really mere commonplaces of existence. If we could fly out of that window hand in hand, hover this great city, gently remove the roofs, and peep in at the queer things which are going on, the strange coincidences, the plannigs, the cross-purposes, the wonderful chain of events, working through generations, and leading to the most outré results, *it would make all fiction with its conventionalities and foreseen conclusions most stale and unprofitable.*

Arthur Conan Doyle
"A case of Identity"
(1892)

EL TÍTULO DEL TEXTO de French (1915), *Advertising: The Social and Economic Problem* (*La publicidad: el problema social y económico*), aparentemente propone al lector un análisis de denuncia contra la publicidad. Sin embargo, comienza con una apología que define la publicidad como parte integral de la vida moderna, necesaria para el progreso, con poderes sobre la gente y como un recurso que debe ser utilizado como uno de los grandes promotores de la civilización (11).

French reconoce en esta "Apología", firmada en agosto de 1914, que la publicidad todavía no ha sido legitimada como forma cultural por las instituciones del saber. La función de su libro fue justificar que se legitimara la publicidad como disciplina. French da por sentado que la publicidad es una forma cultural propia de la modernidad capitalista, capaz de revolucionar el comercio, modificar los procesos empresariales, y casi todas las manifestaciones de la vida social y religiosa (7). Coloca al lector de su libro en un ritmo vertiginoso, propio de la escritura modernista, a través de unas construcciones sintácticas y de unas frases adjetivales que operan como modificadores espacio/temporales de la publicidad. Este eje espacio/tiempo ha sido una constante de todas las propuestas culturales desde el siglo XVIII. La propuesta de una forma hegemónica de percepción como forma de control social ha sido la base de todas las propuestas estéticas y psicológicas que proponen el control del espacio/tiempo.

La lectura del canon publicitario nos provee con los mecanismos que este género discursivo legitimó, a la vez que permitieron su estructuración a partir de la reorganización del tiempo y del espacio propuesto por las diversas fases del capitalismo internacional. Observemos el siguiente párrafo en donde French indica el propósito de su libro:

> Este libro intenta mostrar aquello que la publicidad hace y aquello que será capaz de hacer. Es una mera ojeada (por encima). No se puede hace otra cosa. Entre las ciencias es un potro salvaje ("a maverick"); no ha sido acorralada ni marcada. Entre las artes es una oveja descarriada; sin ningún tipo de importancia. Entre las profesiones no tiene lugar o grado alguno- una intrusa sin credenciales. En el comercio se considera una santa o una pecadora según haya repartido sus dádivas (7).

Este autor describe y fija la publicidad dentro de unos saberes específicos: las ciencias, las artes, las profesiones y el comercio. French comenta que, aunque su libro sólo dará una ojeada a la publicidad, ésta es una "fuerza" que ha estado funcionando y seguirá funcionando.

La publicidad como "fuerza" nos remite al primer párrafo de la "Apología". Veamos:

> En la revolución moderna del comercio, la publicidad está destinada a jugar un papel mayor de lo que el presente sugiere. Como la importancia de la revolución del comercio no se percibe, o se percibe sólo parcialmente, aquella pasa inadvertida (7).

La publicidad es vista como la "fuerza", el eje de lo que French llama "la revolución moderna del comercio". Esta idea de la publicidad como "fuerza" recuerda los conceptos económicos de Adam Smith. Para Smith, el tiempo de la economía "será el tiempo interior de una organización que crece de acuerdo con su propia necesidad y se desarrolla de acuerdo con leyes autónomas —el tiempo del capital y del régimen de producción" (Foucault, 1968, 222). French presume que esa revolución que permite el crecimiento del comercio es producto de sus propios mecanismos internos. Con la publicidad, "el comercio se está convirtiendo en una ciencia predecible" (French, 8). Para French, al igual que para Smith, el comercio tiene sus propias leyes que lo mueven y hacen que se transforme continuamente. Sin embargo, al igual que con la naturaleza, French reconoce la necesidad de entender aquellos mecanismos que permitan su control y lo hagan predecible para lograr su transformación. Argumenta que, una vez fijados los límites de la publicidad, se podrá predecir el desarrollo del comercio. Su preocupación es la de establecer un sistema racional espacio/temporal del comercio. El capitalismo es un sistema social que internaliza las leyes que le aseguran su supervivencia como una fuerza permanentemente revolucionaria. Si hay algo de seguro en la modernidad es su inseguridad, y no es muy difícil ver de dónde proviene esa inseguridad (Harvey 107). French advierte esta inseguridad y ve en la publicidad el mecanismo que le permitirá organizar y racionalizar las estrategias para controlar el mercado. A partir de esta noción de la publicidad como una "fuerza", podemos resolver finalmente la ambigüedad del título del libro de French. Estamos ante un texto cuyo interés no es mostrar los problemas sociales o económicos que la publicidad pueda propiciar, sino revelar cómo la publicidad incorpora el discurso del capital para resolver los problemas sociales y económicos de la sociedad.

French compara la publicidad con animales sin dueño y descarriados (un potro salvaje, *a maverick* y una oveja descarriada). Nos dice que la publicidad todavía está por constituirse. Sin embargo, reconoce cuáles son los saberes que entrecruzan esta institución de la modernidad capitalista:

> Ya que la publicidad no tiene ningunos estándares establecidos como una ciencia, un arte, una profesión, o una empresa, no tiene ningunas tradiciones que la aten, a no ser algunos precedentes que deben tomarse en consideración (7).

La publicidad no está tan descarriada como se quiere que el lector piense. El propio narrador se encarga de fijarla como un saber fragmentado: ciencia, arte, profesión, empresa. Es por lo que nos dice: "El escritor de este libro ha colocado algunas de sus ideas, y algunas ideas de otros, para tratar de mostrar la publicidad tal como es" (7). French se da cuenta de que la publicidad, nueva institución cultural producto de las nuevas exigencias del mercado y del sistema empresarial capitalista, se desarrolló a partir de las transformaciones que estas nuevas exigencias demandaron de la ciencia y del arte. Estamos ante una ciencia y un arte estructurados y racionalizados por las exigencias del mercado; es así como para French la publicidad "está cambiando todo los procesos empresariales, y *todas las manifestaciones de la vida social y religiosa*" (7, subrayado mío). Fue así como, entre 1910 y 1915, French y un grupo de académicos y empresarios sintieron la necesidad de que la publicidad fuera legitimada por las universidades, y se dedicaron a construir toda una serie de textos fundacionales que permitieran su legitimación.

El siguiente párrafo de la "Apología" es un catálogo de imágenes de la modernidad: positivistas, tecnocéntricas, racionalistas; lo efímero opuesto a lo eterno y a lo inmutable, la transparencia del discurso, la estetización política a través de mitos autorreferenciales [como lo fue el mito ariano para la Alemania Nazi, o es el *American Dream* para los estadounidenses], el progreso lineal, las verdades absolutas, la planificación racional del orden social ideal, etc.:

> El estudio y la observación de la publicidad es uno de los ejercicios mentales más estimulantes con que este siglo nos ha retado. Lleva lejos hacia el futuro, aunque no tenemos que caminar mucho hacia el pasado para perderla de vista. Sugiere grandes cosas— grandes cambios en métodos comerciales, avances en la aplicación de la religión y las humanidades a la vida, que permitan una penetrante mejora en la forma en que se vive. A través de ella las grandes ciencias, las artes primorosas, las ilustres creencias y los sentimientos más profundos crean una impresión más profunda en nuestras vidas. Por mediación suya el comercio se está convirtiendo en una ciencia predecible. Es un invitado en cada hogar. Está presente en cada boda, nacimiento y muerte. Es el Frankenstein de nuestra vida y su ángel de la guarda. Al igual que de la atmósfera, no podemos liberarnos de ella. Se entremete en todo sitio, y en todo sitio es un invitado bienvenido. Ayuda e impide. Puede ser un ahorro y un gasto. *Es tan fluida como la vida, pero tan fija e inexorable como el destino. Es tan transparente como el cristal, y tan opaca como el hierro*. Es lo que es. Yo estoy tratando de mostrar lo que es y lo que hace (8, subrayado mío).

Esta cita nos coloca ante el programa de una producción textual que pretende constituirse a partir de la legitimación de su propia fragmentación. La tensión que encontramos en esta "Apología" que French utiliza como "pre-texto" para la legitimación de la práctica publicitaria es consonante con las tensiones que se operaban en la producción/recepción de otras formaciones textuales de la modernidad, específicamente los textos vanguardistas.

French tiene que utilizar un recorrido narrativo que le permita la defensa argumentativa a favor de la publicidad. Para esta defensa, utiliza las mismas estrategias narrativas que serán, a la vez, incorporadas por la publicidad. Nos encontramos ante un texto cuyo "héroe" es la publicidad. Este héroe se coloca en unas coordenadas atemporales y sus rasgos específicos —la fuerza, la transparencia, la opacidad, la fluidez, la ubicuidad— se establecen mediante el contraste. El rasgo característico de este héroe, según se muestra a través del recorrido narrativo, es su ubicuidad. French coloca a este héroe, la publicidad, en situaciones fragmentadas y aisladas. Estamos ante un héroe que sólo se mueve en el espacio.

French ha utilizado el esquema narrativo propuesto por Bajtín en donde se "defiende" o "alaba" al héroe para describir la publicidad. En este sentido, French tiene muy claro que la legitimación de la publicidad tiene que darse a partir del entrecruzamiento entre lo que él llama ciencia y el arte.

La propia escritura de French en esta "Apología" lo sitúa dentro de la experimentación textual vanguardista. French agrupa una serie de eventos e imágenes aparentemente inconexas, por donde se mueve el héroe. Es así como del *maverick* (potro salvaje), imagen del oeste estadounidense, pasa a la oveja descarriada del cristianismo; del hogar pasa a la boda, al nacimiento, a la muerte; Frankenstein y el ángel de la guarda son una sola cosa; y, finalmente, propone la transubstanciación de lo sólido del hierro, lo eterno y cambiante de la atmósfera y la transparencia del cristal en una sola cosa, la publicidad.

Peter Bürger (1984) comenta que la progresión casual de eventos y de descripciones es un recurso estilístico de la vanguardia (64-68). Bürger indica que, en el caso de las vanguardias (y ofrece el ejemplo del surrealismo), la casualidad hay que verla en oposición a la racionalidad de la organización social. Sin embargo, en la propuesta de French esto no es así. French utiliza este recurso estilístico como uno más de los que la publicidad podrá incorporar en su interés por lograr racionalizar y estabilizar el mercado.

Bürger observa que en el arte vanguardista "la intención de revolucionar la vida mediante el regreso del arte a su praxis se convirtió en una revolución del arte" (72). French propone algo similar al relacionar la publicidad con las modernas revoluciones empresariales. Reconoce cómo la publicidad se propuso revolucionar lo cotidiano a través de la revolución de las formas de control social. Advierte, además, que las relaciones entre productor / producto y sociedad de la representación publicitaria se definen de igual forma que en la obra de arte vanguardista. Bürger comenta que en el arte vanguardista "es el *status* del producto, no lo consciente que el artista pueda ser de su actividad, lo que define el efecto social de sus obras" (1984, 58). En la publicidad, como nos deja ver French, lo importante es el *status*" que cobra esta nueva institución cultural al convertirse en el mecanismo de racionalización del mercado.

3. La mort des artistes

LA MORT DES ARTISTES
Charles Baudelaire

Combien faut-il de fois secouer mes grelots
Et baiser ton front bas, morne caricature?
Pour piquer dans le but, de mystique nature,
Combien, ô mon carquois, perdre de javelots?

Nous userons notre âme en de subtils complots,
Et nous démolirons mainte lourde armature,
Avant de contempler la grande Créature
Dont l'infernal désir nous remplit de sanglots!

Il en est qui jamais n'ont connu leur Idole,
Et ces sculpteurs damnés et marqués dun affront,
Qui vont se martelant la poitrine et le front,

N'ont qu'un espoir, étrange et sombre Capitole!
C'est que la Mort, planant comme un soleil nouveau,
Fera s'epanouir les fleurs de leur cerveau!

4. Publicidad y hegemonía

In the center of the room, clamped to an upright easel, stood the full-length portrait of a young man of extraordinary personal beauty...

Oscar Wilde
The Picture of Dorian Gray
(1891)

Now the Handsome Sailor as a signal figure among the crew had naturally enough attracted the captain's attention from the first...such a fine specimen of the genus homo, who in the nude might have posed for a statue of young Adam before the Fall...

Herman Melville
Billy Budd
(1891)

El avance tecnológico de la modernidad capitalista propone continuamente la compresión del espacio y del tiempo como medio de controlar y estabilizar las continuas fluctuaciones del mercado. Esta compresión desencadenó en 1848 una crisis de las formas tradicionales de representación. Algunas de las nuevas formas de representación, por ejemplo, la narrativa de Flaubert, exploraron el tema de la representación de la heterogeneidad y la diferencia, de la simultaneidad y la sincronía. Otras, como la publicidad, legitimaron la absorción del tiempo y el espacio bajo el poder homogeneizante de la circulación del dinero y de la mercancía (Harvey, 263).

Los códigos representacionales necesarios para que la publicidad re-presente el tiempo y el espacio propio del desarrollo capitalista fueron canonizados una vez se legitimaron el uso de la teconología en la producción y la porosidad entre los diversos géneros textuales (Lessing); una vez se hubieron apropiado de las corrientes narrativas; y una vez fueron colocados dentro de un proyecto cultural (Dewey). El canon publicitario hizo de la publicidad uno de los mecanismos más importantes para mantener la hegemonía política del capitalismo mundial mediante una propuesta cuya producción estética se ha integrado en la producción de mercancías en general. Esta estética de la cual se vale el canon publicitario propone una subjetividad en la que la forma del tiempo, de la temporalidad en la cultura, está cada vez más dominada por el espacio y por una lógica espacial (Jameson, 1991, 61). Cabe preguntarse entonces, ¿cuáles fueron las estrategias textuales que permitieron al canon publicitario el control racional de un espacio representacional, desde donde proponer su tiempo y su espacio, y que corresponden, también, al de la circulación del dinero y de la mercancía?

Estrategias textuales

Estrategias textuales

En cárcel pública de esta capital, ecsiste una negra bozal aprehendida en el pueblo de Toa-baja: se avisa al público para que el que se considere su dueño ocurra a dar las señas y manifestar la propiedad.

Se han fugado de la hacienda de D. Buenaventura Quiñones, tres negros bozales llamados Gaspar, José Jesús y Antonio el primero de altura regular, delgado retinto y de edad de 40 años: el segundo alto, delgado, colorado con unas picaduras sobre el pecho, figurando una estrella y como de 25 años de edad, y el tercero de estatura regular, rehecho y bien formado, cara alegre y picaduras en la frente, los dientes superiores afilados y agudos, color claro, falto de un dedo en cada mano, y como de 25 años de edad. La persona que los aprehenda será gratificada como corresponde.

En la oficina de esta imprenta se halla un alfiler de oro que se encontró en las cuatro calles, la persona que lo hubiese perdido, podrá acudir a recogerlo, pues será entregado dando las correspondientes señas.

Tres anuncios de *La Gaceta de Puerto Rico,* 15 de junio de 1822.

Entre los dos conflictos bélicos que impulsaron la hegemonía imperialista de Estados Unidos —la Guerra Hispanoamericana (1898) y la Primera Guerra Mundial (1914)— la escritura periodística y la publicidad fueron legitimadas en los centros de saber de ese país. Desde el siglo diecinueve la escritura periodística había ido desarrollando un estilo de narrar propio de la compresión de espacio y tiempo que exigía el nuevo orden social. La legitimación de la publicidad como práctica textual se dio a la vez que la del periodismo. El periodismo se legitimó como una práctica discursiva en universidades estadounidenses a partir del proyecto que Joseph Pulitzer propusó para la creación de un programa de periodismo en la Universidad de Columbia. Sin embargo, la Universidad de Missouri se adelantó y comenzó su programa de periodismo en 1908. La Universidad de Columbia no abrió su programa hasta 1912, año en que comenzó también a funcionar el Departamento de Periodismo de la Universidad de Wisconsin. El currículo de Wisconsin incluía, junto al estudio de las técnicas de reportaje y las técnicas de escritura periodística, el de las técnicas de escritura publicitaria (Altschull, 1984, 113).

El *lid* de la escritura periodística representó un esquema de racionalización escritural. El *lid* logró la reordenación espacio/temporal de cualquier acontecimiento. El tiempo real de las personas, de los eventos, de todo acontecer es re-estructurado por el espacio fragmentado del texto; el *lid* excluye toda evolución temporal del sujeto de la noticia, este sujeto sólo se mueve en el espacio de la narración.

Las escuelas de periodismo nacieron cuando la idea de un progreso ilimitado y el populismo estaban en su cenit en Estados Unidos, especialmente en el medioeste estadounidense, donde aquellas comenzaron (Altschull 116). La racionalización de esta práctica escritural sirvió para definir, desde las universidades, lo que era o no era escritura periodística. El propósito de esto fue atacar y silenciar cualquier otra práctica escritural que no correspondiera al nuevo canon.

Una vez que se legitimó la escritura periodística, se prosiguió a legitimar la escritura publicitaria. El proyecto político estadounidense exigió una demarcación clara de la relación entre publicidad y periodismo. Las críticas de ideólogos como Will Irwin, Upton Sinclair y Joseph Pulitzer dejaron claro que el nuevo orden económico y social estadounidense necesitaba marcar los línderos entre estas dos instituciones culturales.

> Así, los egresados de las escuelas de periodismo se convirtieron automáticamente en machacadores del progreso y de la vigilancia (*watchdogery*). Defendieron que los periódicos y las revistas fueran financiadas por las agencias publicitarias y no por el gobierno; los publicistas eran vistos como ajenos a los intereses políticos e incapaces de buscar controlar el contenido de las noticias. Y si alguna vez estos publicistas intentaran hacerlo, la prensa se encargaría de regañarlos (Altschull, 116).

A comienzos del siglo veinte, Estados Unidos entró en la fase del capitalismo que Mandel (1975) llama imperialista o, como la define Harvey (1989), fase de la racionalización científica de la empresa. La publicidad y el periodismo fueron las dos instituciones culturales que se encargaron de proveer con las estructuras simbólicas necesarias para el nuevo orden social y económico. Este nuevo orden exigía unas prácticas culturales que permitieran el control social y aseguraran la circulación de la moneda y de la mercancía. Dewey y James legitimaron estas prácticas culturales con su llamado "pragmatismo". Fue dentro de este clima en el que Pulitzer propuso en 1903 la creación de la Escuela de Periodismo de la Universidad de Columbia y en el que Ernest Elmo Calkins publicó en 1905 su libro *Modern Advertising*.

El capitalismo ha sido (y continúa siendo) un modo de producción revolucionario en el que las prácticas materiales y los procesos de reproducción social están siempre cambiando. Es por eso por lo que, tanto las cualidades objetivas como los significados del tiempo y del espacio, también cambian. Todo conocimiento (científico, técnico, administrativo, burocrático y racional) es vital para el progreso de la producción capitalista y del consumo. Entonces, los cambios en nuestro aparato conceptual, incluyendo las representaciones del tiempo y del espacio, podrán tener consecuencias materiales para el reordenamiento de la vida diaria.

French, Adams y Tipper permitieron que la publicidad se convirtiera en una propuesta estética dinámica, capaz de ajustarse continuamente a las transformaciones de la producción y del consumo capitalista. Esta estética se logró mediante una propuesta textual que permite una espacialización del tiempo,[1] y cuyo interés es el control social y la estabilización de la economía. Estos autores colocaron la publicidad en el campo de la teoría social para poder lograr la propuesta estética de una espacialización del tiempo. Al igual que en la teoría social, su preocupación fue la de atar la publicidad a los procesos de cambio social, de modernización, de progreso, a la conquista del espacio.

La publicidad encontró en el discurso religioso un vehículo para articular una teoría social de facilitación psicológica. French y Tipper se apropiaron del discurso religioso para lanzarse a la conquista del espacio. French, en una cita que evoca "la ley" de Rousseau, comenta:

> Los principios de la publicidad se han convertido en los exponentes de algo que llevará a cabo una revolución en el comercio y en la moral, y que será la forma de ir construyendo la religión en el corazón de los hombres (42).

Tipper, por otro lado, señala que "la publicidad es un misionero empresarial natural y efectivo" (18). Según Tipper, la publicidad se

---

[1] Me parecen importantes los siguientes postulados de Walter J. Ong en su libro *Oralidad y escritura: tecnologías de la palabra*, Trad. Angélica Scherp (México: Fondo de Cultura Económica, 1987):

> La escritura reconstituyó la palabra hablada, originalmente oral, en el espacio visual y la impresión la incrustó más categóricamente en el espacio (122). La transformación electrónica de la expresión verbal ha profundizado el sometimiento iniciado por la escritura e intensificado por lo impreso de la palabra al espacio, y ha conducido a la conciencia hasta una nueva era de la oralidad secundaria...se trata de una oralidad más deliberada y formal, basada permanentemente en el uso de la escritura y del material impreso... (133-134).

valdrá de las tácticas de los misioneros para presentar el producto, preparar el terreno para la campaña y sembrar la semilla de la compra (19-20). Adams avanza las propuestas de French y Tipper, y subraya que la preocupación primaria de todo estudiante de publicidad es estudiar "lo que hace la mente" (v). Según Adams, uno de los problemas de este estudiante es saber cómo colocar la noción de "sentir carencia de algo" en la conciencia de un grupo (27).

Michel de Certeau (1984) nos dice que:

> Las agencias de marketing utilizan vorazmente los restos de creencias que en otra época eran consideradas supersticiones. La publicidad se está convirtiendo en evangelizadora. Muchos administradores de la esfera social y económica están perturbados por la lenta quiebra de las iglesias, en donde descansan "los valores" que ellos quieren recuperar y utilizar rebautizándolos y poniéndolos al día... Las personas que utilizan estas reliquias ya no creen en ellas. Sin embargo, junto a todo tipo de creencias "fundamentalistas", forman asociaciones ideológicas y financieras para reactualizar las reliquias y crear iglesias, museos de creencias sin creyentes, puestos en reserva para ser explotados por el *laissez-faire* capitalista (180-181).

No creo que la publicidad se esté convirtiendo en un agente evangelizador como dice de Certau. La publicidad siempre ha sido un agente evangelizador. Fue por esta razón por la que su propuesta estética tuvo que ser justificada mediante una teoría social.

Hay que entender esta propuesta social del canon publicitario desde el contexto político/religioso estadounidense. Una vez concluida la Guerra Civil, la disputa religiosa en Estados Unidos llevó a una reorganización del modelo social calvinista que había servido para moldear los hábitos y costumbres de ese país. El siglo diecinueve cerró con el surgimiento de un movimiento que recibió el nombre de "modernista", opuesto a los "fundamentalistas", en el seno de grupos como los presbiterianos y los bautistas. Este movimiento "modernista" incorporó las nuevas teorías económicas y sociales propuestas durante el siglo diecinueve que permitieron a Estados Unidos entrar en la fase imperialista del capitalismo. Los bautistas fundaron la Universidad de Chicago en 1891; y fue ahí donde Dewey, durante esa misma década, se lanzó a desarrollar su psicología funcional como forma de control social. Fue en la Divinity School de este centro docente donde el Dr. Shailer Mathews se convirtió en uno de los primeros exponentes de un evangelismo basado en la modernidad científica (Torbet 426-427). Según Torbet (1973) en su *A History of the Baptists*, los bautistas habían fundado 142 instituciones de educación post-secundaria para 1900. Ellos habían fundado otras universidades en Estados Unidos como, por ejemplo, la Universidad de Brown en Rhode Island en 1764. También habían estado ligados indirectamente a la fundación de otras, como en el caso de la Universidad de Harvard, cuyo primer presidente, Henry Dunster, había sido un importante líder bautista.[2]

Adams fue el único de los tres autores que no recurrió a establecer la relación directa entre la publicidad y la religión. Sin embargo, asumió los postulados de una teoría de control social, la psicología funcional, que había sido legitimada en una institución cuyos supuestos fundacionales partían de la ética bautista. Adams comienza su libro diciendo:

> Este libro está dirigido a estudiantes de psicología de la publicidad, aunque mucho del material que contiene, sin duda, puede beneficiar al hombre que practica la publicidad. Se ha tomado el punto de vista conductista, ya que el estudiante de publicidad está interesado primordialmente en lo que la mente hace, no en lo que es (v).

---

[2] En 1922 Moorhouse F.X. Millar publica su libro *The State and the Church,* New York: MacMillan & Co. La tesis central de Millar es que la filosofía política que constituyó el estado/nación estadounidense tiene como base la tradición religiosa de la escuela escocesa del Common Sense, a través de la tradición de los Whigs británicos.

Adams indica que tomará el punto de vista conductista para llevar a cabo sus explicaciones. Sin embargo, a través del libro lo que hace es elaborar una "poética" publicitaria utilizando los conceptos de la psicología funcional. En el segundo capítulo, "Advertising and Psychology", sumerge al lector en los postulados de la psicología funcionalista. Una posible razón para esta falta de consecuencia es el hecho de que durante estos años ambas corrientes estuvieron bastante relacionadas. El conductismo nació oficialmente en 1913 cuando el primer egresado del programa doctoral de la Universidad de Chicago, J.B. Watson, publicó su libro *Psychology as the Behaviorists View It*. Watson decía haber elaborado en su libro el verdadero funcionalismo (Legrenzi, 1986, 151-181).

Al igual que en la teoría social, la preocupación de estos autores fue la de atar la publicidad a los procesos de cambio social, de modernización, de progreso, y a la conquista del espacio. French nos describe la relación entre la publicidad y los cambios sociales de la siguiente forma:

> Los publicistas en todos los sitios se interesan con gran vitalidad en la vida de la gente, en las condiciones de vida de la gente común, y en las oportunidades que esta gente tiene para su mejoramiento y su placer. Donde quiera que haya un club publicitario lo más probable es que se esté llevando a cabo un trabajo sano y vigoroso para el mejoramiento cívico (102).

Tipper, por su parte, la ve de la siguiente manera:

> La fuerza de la publicidad o el desarrollo de la opinión pública es lo suficientemente fuerte para quedarse corta de tener efectos maravillosos. Todos los rápidos desarrollos de nuestra civilización y su equipo tecnológico durante los últimos cien años han tenido que pagar tributo a esta fuerza... Definir tal fuerza o su aplicación al comercio no tiene sentido hasta que no se conozcan y se entiendan mejor las limitaciones prácticas de esta aplicación (8).

Esta propuesta estética no propuso nada nuevo. El camino ya había sido preparado desde Lessing a Dewey. Lo que hicieron French,

Tipper y Adams fue establecer, fijar, marcar la estructura y el funcionamiento del discurso publicitario. Estos tres autores definieron la publicidad como una fuerza, como la manifestación de una estructura abstracta capaz de múltiples representaciones. El intento por controlar esta fuerza los llevó a desarrollar una teoría de la estructura y del funcionamiento del discurso publicitario proponiendo una estética basada en los supuestos de la psicología funcional. Con esta estructura la publicidad ha podido fijar unas fronteras, establecer unos lugares comunes y describir geográficamente. En su afán de representación del nuevo orden económico ha utilizado personajes, formas de hablar y tramas características de la modernidad .

El canon publicitario estableció los componentes pertinentes del discurso publicitario. La propuesta de racionalización textual de este canon permitió el establecimiento de una industria del texto, cuyo producto fijó las relaciones entre el mundo de la empresa (agencia publicitaria) y las manifestaciones estéticas necesarias para promover la estabilización de los mercados. Tipper (1915) nos dice que "la fuerza de la publicidad puede compararse con la fuerza de la electricidad, todavía sin definir, pero en sus operaciones definitivamente limitada y controlada" (7). La tarea que se impuso el canon publicitario fue la de limitar y controlar, en otras palabras, racionalizar la producción textual. Esta agencia de control social para la estabilización del mercado se constituyó como una industria textual cuya forma de producción correspondía a las nuevas formas de racionalización empresarial propuestas por Taylor.[3] La estructura de este nuevo discurso se representa de la siguiente manera:

[3] Taylor, F.W. *The Principles of Scientific Management.* Orig. publicado en 1911 en *Scientific Management.* Connecticut: Wesport, 1972.

Discurso publicitario[4]

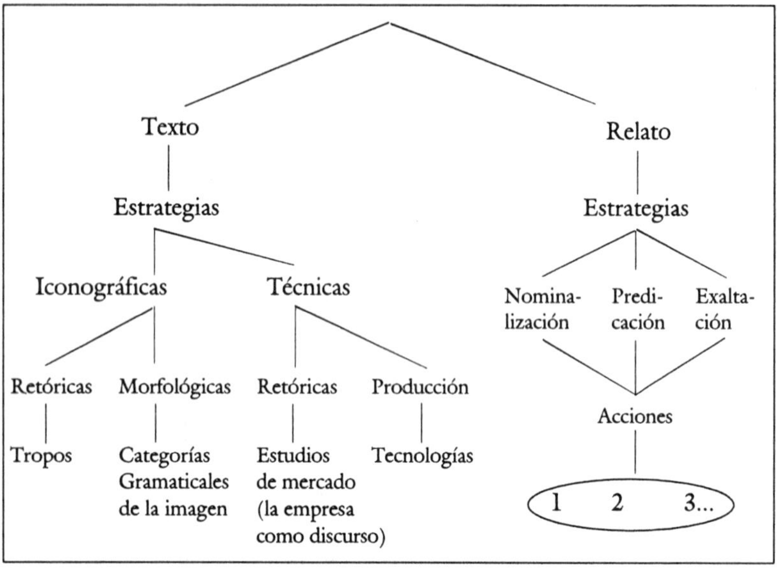

Esta estructura funciona como un mapa que permite la descripción de los puntos nodales del discurso publicitario como conjuntos de elementos heterogéneos relacionados entre sí. El canon fijó las relaciones entre cada uno de estos componentes. Calkins en 1905 comentó: "La publicidad es en estos momentos un arte; todavía no ha logrado su lugar entre las ciencias exactas" (12). Tipper señaló en 1915 en el prólogo de su libro que su interés es el:

> de combinar toda la gama de artes y ciencias que constituyen la publicidad y presentar los fundamentos de cada una en

[4] Remito al lector a dos artículos en donde expongo los criterios que se utilizaron para el desarrollo de este esquema:

Eliseo R. Colón Zayas, "Pragmática de la imagen fija en la publicidad", *Dia*Logos de la Comunicación* 27 (1990): 63-69; y "La imagen fija en la publicidad", *Face: Revista de Semiótica e Comunicação* 2 (1988): 51-65.

> función de todas los demás. Incluye los componentes económicos, psicológicos y físicos, junto con los principios esenciales de la composición artística y de la redacción en inglés, según éstos se utilizan para la construcción de anuncios (v).

Todos los fundamentos del discurso publicitario ya están presentes en Tipper.

Para todos estos autores, la organización "científica" de la empresa sirvió de modelo para racionalizar la producción textual utilizando las técnicas de la psicología funcional. En su interés de proponer una forma homogénea, totalizadora de percepción, French (1915), Adams (1916) y Tipper (1915) resaltaron el aspecto "científico" de la producción textual publicitaria.

Si observamos con cuidado el diagrama utilizado para describir la estructura publicitaria, encontramos que en él están contemplados los diversos componentes narrativos y retóricos que se habían organizando desde el siglo XVII. Lo nuevo en esta estructura discursiva, lo que quedaba fuera de la poética de Lessing y de las propuestas narrativas, es la incorporación de una retórica empresarial a la producción textual. La racionalización de la producción textual publicitaria se dio a partir de una relación dialéctica entre el mundo corporativo empresarial y "la empresa publicitaria". Por esta razón el canon describe la publicidad como una "fuerza". La publicidad, a la vez que es empresa, permite la estabilización del mundo de la empresa.

"La publicidad, señala Tipper, se ha convertido en un proceso educativo, un proceso que establece nuevos hábitos de compra y de consumo, a la vez que crea nuevas necesidades o reactualiza las necesidades viejas mostrándolas como nuevas." (56) Para Tipper, al igual que para French y Adams, la publicidad se convirtió en un agente promotor del nuevo tiempo y del nuevo espacio propuesto por la racionalización de la empresa. La publicidad (institución, técnica, organización productiva, articulación discursiva) adquirió su carácter específico como una máquina generadora de textos y de mundos. Sin embargo, los engranajes que posibilitan el funcionamiento de esta máquina no trabajan uniformemente. Cada lugar de la estructura tiene sus propias tensiones y gravita independientemente del otro. Lo que encontramos aquí, como en cualquier formación discursiva, es la regularidad en la dispersión con que operan los diversos conjuntos pensados como posiciones diferenciales (Laclau y Mouffe 1987).[5]

La estructura publicitaria revela los antagonismos y la inestabilidad que Lessing auguraba en su metáfora de los dos buenos vecinos "que, aunque guarden una buena relación de amistad, no permiten que el uno se tome libertades indebidas que pertenecen al dominio... del otro..., pero... compensa las pequeñas intromisiones que cada uno de ellos... se ve obligado a hacer en el terreno de lo que pertenece al otro" (186). Se hace difícil pensar en la publicidad desde la cerrazón y oclusión de los discursos de la modernidad. Aunque es cierto que, al igual que Lessing, el canon publicitario articuló su propuesta desde lo hegemónico, en estos autores la formación discursiva, lejos de ser una construcción monológica, se abre al dialogismo y a la proliferación de elementos muy diversos.

Para entender el dinamismo que tiene la publicidad, hay que tener en cuenta que es una formación discursiva marcada desde sus incicios por la carencia de unas fronteras delimitadas entre sus elementos constituyentes. Como muy bien señalan Laclau y Mouffe, esta apertura que marca el colapso de una línea demarcadora entre lo interno y lo externo, entre lo contingente y lo necesario de cualquier formación discursiva, es la precondición de toda práctica hegemónica (163). Aunque toda la obra del canon publicitario es un proyecto fundacional, no pudo construir un centro que atara los diversos conjuntos, sino que estableció ciertas relaciones entre ellos. La inscripción del canon publicitario dentro de las tecnologías electrónicas de la comunicación lo colocaron desde su nacimiento en una lógica de la dispersión. Los componentes estructurales de aquello que en el diagrama llamamos de discurso publicitario, lejos

[5] Laclau y Mouffe (1987) señalan que: "lo que caracteriza a una formación discursiva es la regularidad en la dispersión" (156).

de señalar una formación discursiva con una voz única, apunta hacia los diversos puntos discursivos privilegiados cuyas voces entablan una lucha dialógica para fijar el sentido del texto.

***

Para entender el éxito tan sorprendente que tuvo el canon publicitario en instaurar esta nueva formación discursiva dentro de la universidad estadounidense, tenemos que buscar las claves en el canon institucional literario de Estados Unidos. Al respecto, Jennifer Wicke describe la importancia de Henry James para entender la formación de la publicidad estadounidense (89). Wicke comenta acerca del diálogo que entabla la narrativa de James con "las fuerzas de la publicidad moderna" (88). Señala que James trabaja en un momento en que todavía la publicidad no ha sido legitimada por las instituciones del saber. James dialoga y elabora en sus textos los registros de una incipiente cultura de consumo. Su narrativa se traduce en una búsqueda de los orígenes de la poderosa formación hegemónica de la publicidad (88).

Sin embargo, esta relación entre James y la publicidad no explica del todo el auge que cobró esta fuerza de la publicidad en las instituciones universitarias. Dentro del canon literario de su época, James constituía una figura marginal. Una historia de la literatura estadounidense escrita en 1919, dos años después de su muerte, decía que "por más que lo admirasen, la mayoría de los lectores se apartan de Henry James hacia una literatura de acción con seres humanos saludables y normales que pocas veces aparecen en las páginas suyas" (424). El autor de esta historia, Percy H. Boynton, recoge las opiniones de William Dean Howells, editor del *Atlantic Review* entre 1866 y 1881, colaborador del *Harper's Magazine*, fundador del realismo narrativo estadounidense y miembro del canon literario de ese país. El realismo desgastado que proponía Howells no le ofrecía a James modelos narrativos para representar los nuevos sujetos sociales de la modernidad estadounidense.

James se volcó hacia lo que en aquel momento constituía "una literatura menor",[6] la publicidad, para buscar los modelos narrativos que le permitieran representar la nueva sociedad estadounidense. Este novelista encontró en esta "literatura menor" los modelos que un canon desgastado no podía ofrecerle. Su novelística no fue incorporada al canon de la época, y su realismo, como señala Wicke, no se escapa de controversias aún hoy día (87-88). El hecho de que James procurase sus modelos en una forma menor como la publicidad y se mantuviera al margen de la literatura estadounidense oficial de su época, apunta hacia una crisis de los modelos de representación. Es durante esta época cuando la publicidad, una forma literaria menor, se constituyó como formación discursiva específica dentro de las universidades. Luego de la muerte de Whitman en 1892, no fue sino hasta 1914 cuando el canon literario estadounidense incorporó otro miembro importante. Este fue Sinclair Lewis, quien publicó en 1914 *Main Street*. Sin embargo, mientras a James se le continuaría viendo como un escritor marginal por algún tiempo más, la publicidad y el periodismo fueron incorporados a los programas universitarios y sirvieron de modelos representacionales de las transformaciones de una sociedad de consumo dentro del avance imperialista del capitalismo.

Un manual de redacción preparado por William Tanner en 1922 describía las exigencias lingüísticas de la nueva época de la siguiente manera: "A través de este libro se aspira a promover el interés en el uso correcto y efectivo del habla y de la escritura. Su propósito es lograr un mejor inglés para uso inmediato, en vez del intento inútil de desarrollar escritores" (iii). Las transformaciones de tiempo y espacio exigieron una lengua inmmediata que se adecuara al dinamismo de la economía capitalista. Las instituciones de la modernidad en Estados Unidos transformaron el espacio social mediante la industrialización, la construcción del Estado Imperialista, la urbanización, y la formación de una élite. El inglés

[6] El concepto de "literatura menor" lo tomo del ensayo de Deleuze y Guattari, *Kafka: por una literatura menor*, Jorge Aguilar Mora, trad. (México: Ediciones Era, 1978).

tuvo que convertirse en la lengua de la inmediatez, de la tecnología y las nuevas formas de organización social.

Fueron las literaturas menores de aquel momento histórico, el periodismo y la publicidad, las que renovaron el espacio representacional. La lenta experimentación en búsqueda de nuevas formas de representación, que se dio en los centros literarios estadounidenses durante casi 25 años, entre la muerte de Whitman y la publicación de *Main Street*, permitió que el periodismo y la publicidad ofrecieran los registros necesarios para la formación de un inglés inmediato y moderno, que ha llegado a convertise en la actualidad, como señalan Deleuze y Guattari, en lengua vehicular mundial (40).

Desde su marginalidad como una literatura menor, la publicidad comenzó a imponer su presencia en periódicos, revistas, boletines mercantiles, vallas en el techo de las casas, los alrededores de las estaciones del tren, andamios de edificios en construcción, las paradas de los trenes elevados, los letreros electrificados en lo alto de los edificios, los barcos costeros y de pesca, materiales impresos, las litografías colocadas entre las páginas de las revistas, los empaques de productos, etc. (Calkins 1905, 10). El moderno discurso publicitario proveyó a los científicos sociales de la modernidad empresarial estadounidense con el lenguaje necesario para que los diversos grupos sociales se estructurasen a partir de la consolidación del capital multinacional y del desarrollo de un mercado mundial siempre en expansión.

5. Hacia un nuevo tiempo - un nuevo espacio

SONG OF MYSELF
(fragmento) (1881)
Walt Whitman

Trippers and askers surround me,
People I meet, the effect upon me of my early life or the ward
and city I live in, or the nation,
The later dates, discoveries, inventions, societies, authors old
and new,
My dinner, dress, associates, looks, compliments, dues,
The real or fancied indifference of some man or woman I love,
The sickness of one of my folks or of myself, or ill-doing or loss
or lack of money, or depressions or exaltations,
Battles, the horrors of fraticidal war, the fever of doubtful news,
the fitful events;
These come to me days and nights and go from me again,
But they are not the Me myself.

6. Un nuevo tiempo - un nuevo espacio

Economically to open up this gigantic country, to bring the fields and forests, rivers and mountains into the service of economic progress, to incite the millions of inhabitants to have new needs and to satisfy these by their own resourcefulness, to increase the wealth of the nation, and finally economically to rule the world and within the nation itself to raise the economic power of the individual to undreamt-of importance, has been the work which has fascinated the American.

(Calkins, 1905; cita del libro *The Americans* de Hugo Münsterberg con la cual Calkins comienza el libro *Modern Advertising*.)

CAMALEÓN
(fragmento)
Rubén Blades

¿Qué es lo que pasa, Camaleón?
Ya tú ves que tu maldad no me hace daño,
¿Qué es lo que pasa, Camaleón?
Que, aunque tú trates de pararme,
sigo fuerte cada año.
¿Qué es lo que pasa, Camaleón?
Yo vivo, vivo, vivo, vivo de la verdad
Y tú comiendo del engaño.
¿Qué es lo que pasa, Camaleón?

Ante la necesidad de reorientar los hábitos de percepción de las nuevas formaciones sociales de la sociedad estadounidense, el canon publicitario incorporó los postulados de la psicología funcional como un conjunto de reglas que le permitió la producción de unos textos cuyo propósito era la estandarización de "hábitos" y "costumbres". El concepto que el canon rescató para lograr esta reorientación provino del proyecto textual que había instaurado Lessing. Con las nuevas exigencias del mercado, la relación entre texto e imagen no puede desvincularse del "efecto" psicológico que se intenta producir en los nuevos consumidores (entendido consumidor como aquel que se apropia tanto de bienes materiales como simbólicos). El lenguaje de la nueva formación discursiva de la publicidad cobró valor a partir de su función significante.

Fue este aspecto del lenguaje el que movió el interés de Henry James hacia la publicidad. Wicke ve este interés de James como una fascinación por el espectáculo que ofrecía esta nueva formación discursiva (88). Sin embargo, esta espectacularidad hay que verla a partir de un nuevo uso del lenguaje. Las nuevas relaciones materiales del capitalismo dieron un nuevo sentido al significante. Fue el aspecto material del lenguaje el principio rector de las nuevas relaciones sociales. El discurso publicitario, como muy bien entendió James, proporcionó el espacio para este nuevo uso del lenguaje.

Este lugar que brindó la publicidad se entiende al relacionarla con las propuestas de Lessing y Dewey, y al atarla a las transformaciones espacio-temporales que se operaron en la narrativa a finales del siglo XIX. El discurso publicitario consiguió una desterritorialización del lenguaje que provocó la dislocación de un lenguaje centrado en el significado. El nuevo tiempo de producción y de consumo de la mercancía, la compresión del espacio mediante la aceleración del tiempo hicieron del significante el portador de los efectos, de las nuevas "imágenes": gráficas, ópticas, perceptuales, mentales y verbales, de las que se sirvió la publicidad para proponer un nuevo orden social, una nueva subjetividad. Mediante el nuevo orden hegemónico propuesto por la modernidad capitalista, este lenguaje articulado a través de nuevas tecnologías de producción respondió a las exigencias del control social.

Aunque utilizo el concepto saussuriano de significante para referirme a la materialidad del signo, es la relación que establece Charles Sanders Pierce entre signo y representamen lo que mejor describe el papel del signo en el nuevo orden propuesto por la modernidad. Para Pierce (1974) el signo es un representamen: "es algo que, para alguien, representa o se refiere a algo en algún aspecto o carácter". "Se dirige a alguien, esto es, crea en la mente de esa persona un signo equivalente, o, tal vez, un signo aún más desarrollado" (22). Pierce coloca al signo en el universo físico, material, de los objetos y no como ha hecho la tradición saussuriana en las estructuras organizativas de la mente. La propuesta semiótica de Pierce permite que entendamos al signo como el eje central de la cultura y de la experiencia humana. Cabe recordar que la noción del signo de este filósofo lógico-matemático está centrada en una teoría de la acción basada en los procesos de percepción.

La apropiación que hizo el discurso publicitario del signo para construir su propio lenguaje descansó en este aspecto material. Al resaltar la materialidad del signo, el discurso publicitario permitió el desarrollo de un lenguaje cuya espectacularidad no es otra cosa que la articulación de una teoría de la acción social propia del capitalismo.

El discurso publicitario que fue articulado mediante este lenguaje hay que verlo con relación a las formaciones dominantes. Durante años fue considerado un discurso marginal a pesar de haber sido una de las formaciones culturales más importantes de la modernidad. No fue sino hasta 1949, cuando Leo Spitzer publicó el ensayo "American Advertising Explained as Popular Art" en su libro *Interpreting Literature*, cuando el discurso publicitario comenzó a dejar de ser el discurso de una literatura menor. Aunque habían aparecido muchos ensayos en revistas profesionales del campo publicitario, y la bibliografía de textos de y sobre la publicidad para esta fecha era enorme, con Spitzer el discurso publicitario entra al canon de la literatura oficial estadounidense.

Me he apropiado de los postulados de Deleuze y Guattari al describir lo que ellos llaman una literatura menor. Lo hago en la medida en que me ofrece algunas claves para entender cómo se dio el ingreso al canon del discurso publicitario a través de los textos fundacionales que tengo ante mi consideración. Estos autores postulan que "una literatura menor no es la literatura de un idioma menor, sino la literatura que hace una minoría dentro de una lengua mayor" (28). Fue desde esta perspectiva desde la que en la sección anterior mostré la aportación que la incipiente formación publicitaria dio a la narrativa de Henry James. Concibo la propuesta del canon publicitario en oposición a formaciones discursivas mayores, o sea, opuesta a aquella formación que a principios de siglo constituía el canon literario oficial estadounidense. Desde esta perspectiva uso los conceptos que para Deleuze y Guattari constituyen las características de toda literatura menor: la desterritorialización, lo político y lo colectivo.

Deleuze y Guattari nos dicen que la primera característica de toda literatura menor es la desterritorialización (28). La publicidad sustrajo la lengua de su lugar privilegiado en la literatura.

> El escritor de textos publicitarios tiene que olvidarse del estilo, olvidarse de sí, tiene que pensar en aquellos lectores a quienes quiere llegar, encontrar las ideas que apelen a ellos, las emociones que pueden ser despertadas en ellos, el lenguaje que puedan entender y la acción que se les pueda forzar a tomar (Tipper 150).

Para el canon publicitario la lengua no se inscribe en un territorio que la juzgue mediante los "estándares de abstracción crítica de bueno o malo, sino a través de resultados tangibles y concretos de ganancias en dólares y centavos" (147). Tipper añade que la lengua publicitaria es utilitaria. Su propósito no es expresar ideas.

> El escritor en otros campos piensa en la expresión. Tiene ideas y sentimientos que lanzar hacia afuera y, así mismo, los lanza. Si alguien los quiere, tiene que venir a recogerlos. Los estudiantes de composición inglesa no siempre son llamados a transmitir ideas. Se les pide que las expresen. Como no tienen a quién transmitírselas, no transmiten ninguna y, a menudo, tampoco expresan nada. Esto no es una crítica contra la literatura. Está bien que el hombre aprenda a tomar

> las ideas de otros. Da poder y sentido de poder. Pero cuando escribimos publicidad, o cualquier otro mensaje de negocios, *tenemos que escribir para el lector*. Cualquier ajuste que haya que hacer estamos obligados a hacerlo. *Tenemos que hacerle la lectura lo más fácil posible. Tenemos que economizar su tiempo y energía*. En otras palabras, el escritor de publicidad en inglés tiene que preocuparse menos de la expresión y más de la impresión (148).

Con la publicidad asistimos a una reterritorialización de la lengua. Este proceso muestra la necesidad que hubo de legitimar una lengua que incorporase a las grandes masas de la población que la lengua de la oficiliadad literaria mantenía marginadas. Estos nuevos lectores inscritos en una pluralidad de posiciones de sujeto fueron interpelados por una lengua cuya materialidad los llevaba hacia la fascinación por lo nuevo, lo moderno.

Esta nueva lengua está volcada hacia el efecto que pueda causar en el lector. "El inglés de la publicidad —afirma Tipper— tiene que adecuarse al lector, estar escrito para el lector. Tiene que construirse para leerse, entenderse y reaccionar" (152). La preocupación de Lessing y Dewey con el desarrollo de una forma hegemónica de percepción es compartida por el canon publicitario. Es por esto por lo que el canon define "estilo" como: "la relación correcta entre el tema y el lector" (149). De la misma forma que con Lessing, nos encontramos ante un recorrido narrativo manipulatorio cuyo eje lo establece la relación entre el manipulador/manipulado.

Al igual que señalamos en el *Laocoonte* de Lessing, la reterritorialización de la lengua, propuesta por el canon publicitario, supone la transformación de un público lector culturalmente racionante, y la creación de un público-masa consumidor dentro de un mercado cultural tanto económico como psicológico. Adams resume la característica más importante de esta lengua:

> Desde una perspectiva dogmática se puede decir que en la escritura publicitaria tienen que utilizarse palabras cortas y simples, ya que es necesario despertar una imagen clara y precisa. Esto sólo puede lograrse con palabras que sean familiares al lector. Las palabras cortas de origen anglosajón

son más familiares que los sinónimos largos y "atrapan" mejor. Es cierto que no se prestan para un estilo fluido, pero son mejores para transmitir una impresión definida a la persona promedio (314).

Adams, Tipper y French coinciden en que la función principal de la lengua publicitaria es la de lograr la espacialización temporal de la mercancía. Esta mercancía a la que responde la lengua publicitaria está atada a una estética de lo nuevo. La lengua publicitaria no se usa para hablar de la mercancía; lo nuevo es una máscara que se impone artificialmente sobre la mercancía y que se basa en el efecto que la materialidad del signo ejerce sobre los lectores. Lo nuevo se instauró como categoría estética de una sociedad de consumo, en donde las exigencias del mercado requieren que la mercancía se desplace territorialmente en el menor tiempo posible y su duración se reduzca lo más posible. "El que diseña un anuncio no debe esforzarse por producir un anuncio atractivo, sino que debe diseñar y tratar un ducto apropiado y agradable para que el pensamiento e impulso motor del lector viajen en su recorrido hacia el deseo del publicista." (French 222)

La mercancía no sólo fue inscrita en un nuevo territorio geográfico, sino que se incorporó a un nuevo tiempo de lectura y a un nuevo espacio representacional. Como señala French, el primer contacto visual es el factor determinante para el éxito de un anuncio (215). French reconoce que la publicidad compite con la lectura de otras literaturas mayores: "los lectores de periódicos y revistas están, por lo general, interesados en los textos y no prestan atención a los anuncios... su interés está en las noticias y en el contenido literario" (215). La reterritorialización de la lengua publicitaria articuló, desde el lugar de la producción / recepción, la objetivación de las cualidades de tiempo y espacio dentro del espacio de la representación. La organización de los signos dentro de este espacio se dio en función de la racionalización de los procesos de lectura.

We took the little ad he ran
        And picked it all apart, I guess
We proved him up a foolish man
        And left the copy part a mess.
We told him his design was "punk".
        That artist should have pushed a plow.
But all that he said when we were through
Was one-fourth wrong and three-fourths true:
        "It's pulling, anyhow!"

We gave our space to solid chat
        And told how copy should be "writ."
We rapped his "selling plan" at that
        And didn't like the selling plan a bit.
We found a fault with "balance" and
        We knocked his picture of the plow.
But, at his flat-top desk he grinned
and said with reference to "wind",
        "It's selling, anyhow."

And so, ye wise ones with your ways,
        It might chance that the seer is wrong;
Full many ads run many days
        And somehow manage it along.
Dope out our "system" as we will,
        And to our brainy plans make bow.
What answer is there to the word,
The which the most of us have heard,
        "It's paying, anyhow?"

(W. Livingstone Larned, en *Profitable Advertising*, marzo de 1909) (citado en French 198).

La voz poética del anterior panegírico publicitario reconoce que lo nuevo implica una constante negación. ¿Cómo responder al *It's paying, anyhow*, que su *system* o sus *brainy plans* no permiten que entienda? Ante esta encrucijada, lo único que le queda a la voz poética son las respuestas que con ironía enuncia el productor del *little ad*: *It's pulling, anyhow! It's selling, anyhow. It's paying, anyhow?*. A la voz poética no le queda más remedio que aceptar que la lengua del *little ad* no permite reglas o normas que la fijen. En este sentido, la lengua publicitaria se resiste ante cualquier tradición lingüística y forma de representación.

El hecho de no entender que el dinamismo interno de la lengua publicitaria no permite su oclusión mediante reglas o normas, es lo que lleva al desasosiego de la voz poética en este otro panegírico.

I can write ads philosophical,
And deeply psychological,
But never tautological,
    To fill a given space.
I have a natural proclivity
For appeal to subjectivity,
Always read with keen avidity
    By all human race.
With language iridescent
My ads seem incandescent,
Filled with sparkling, effervescent
    Thoughts galore.
And to frame up illustration
Is a pleasant relaxation,
Just esthetic recreation,
    Nothing more.
I believe, myself, implicitly
That I can get publicity
With ads of that simplicity
    For which the public yearns;
But though having each esssential
That should make them influential
They dont's seem so damn potential-
    For they never bring returns.

(J.F.T., en *Profitable Advertising*, agosto de 1908) (citado en French, 197).

Con esta lengua de la inmediatez, del efecto, el discurso publicitario propone un modelo de acción orientada hacia el consumo. Este modelo de acción se refiere a un sujeto solitario cuya acción se reduce a sus intervenciones en el mundo de los bienes de consumo efectuadas con el propósito de la realización de la compra. Al igual que en Dewey, lo que interesa es la racionalidad de las relaciones "medio-fin" que sirven para determinar las intervenciones de unos sujetos sociales definidos al margen de cualquier interacción social.

French señala que:

> Lo primero y más importante que un publicista tiene que hacer es llamar la atención de esa persona que comprará su producto. Esa persona no está buscando el anuncio del publicista. Conscientemente no necesita ningún bien. El no sabe que va a ser invitado a buscar la necesidad. Su atención tiene que ser capturada, y hay que dejarle saber su necesidad (216-217).

El modelo de acción propuesto por French y el resto del canon publicitario se refiere a ese sujeto solitario que se orienta hacia el consumo, aunque inscrito dentro del núcleo social desde donde se activa la publicidad y la circulación de la mercancía.

Este modelo de acción propuesto por los textos fundacionales de la publicidad permitió la fácil incorporación de ésta al campo de la teoría social. Señalé anteriormente que estos autores colocaron la publicidad en el campo de la teoría social para lograr la propuesta estética de una espacialización del tiempo. La racionalización, mediante técnicas y métodos propios de la psicología funcional, de los procesos de producción y de lectura llevó al canon publicitario a pensar que la lengua publicitaria podía crear una separación entre los sujetos hablantes y la lengua como objeto. Esta separación asumió la lengua como objeto neutral y transparente, capaz de ser orientado mediante una instrumentalización técnica, y cuyo fin era logar el orden social necesario, que permitiera la circulación de la mercancía.

La preocupación central del canon publicitario está en la racionalización de esta nueva lengua. Esto llevó a French a decir que la teoría que estudia el principio motor de la mente (la psicología funcional) es la más importante para todo publicista (32). French añade que:

> Ya que ha sido demostrado que la publicidad saca su fuerza e influencia a través de su relación con la psicología, y es capaz de inducir a un gran número de mentes a tomar cualquier acción que les dicte, está claro que en la publicidad reside una fuerza que puede ser utilizada con éxito en otras actividades del diario vivir además del comercio; de hecho, pronto encontraremos necesario recurrir a la publicidad —adoptar los métodos de la publicidad— para promover cualquier elemento progresista y purificante en la vida (33-34).

La neutralidad y objetivación transparente que el canon le adscribe a la lengua publicitaria llevan a French a concluir que:

> Ésta (la publicidad) prefigura una revolución en la religión y en la ética, en la educación y en el saber, en el arte y en la ciencia —en la vida; esto nos puede asustar, pero el cambio es tan radical que sabemos que es inevitable (34).

Adams reconoce en el discurso publicitario un instrumental técnico que permite la máxima rentabilidad persuasiva. El concepto que tiene Adams de la lengua, al igual que French, es de carácter utilitario, y se utiliza, según éstos, para reforzar los cambios o las acciones que incidan en la transformación de los sujetos sociales. Ya queda claro en Adams lo que la publicidad, y más tarde el *communications research* estadounidense, tomará como axioma central. Tanto para Adams como para el *communications research* los sujetos sociales están colocados en una sociedad en donde la persuasión colectiva se logra mediante la destrucción de los lazos primarios.

La publicidad, señala Adams, provee de información y trata de obtener alguna acción como resultado de esta información (19). Según Adams, el publicista tiene que aplicar las leyes de la psicología en el momento de planificar su campaña y de construir su texto para asegurarse de que obtendrá la atención del público, y, con ello, inducirá a un mayor número de personas a llevar a cabo la acción que él quiere que tomen (17).

Tipper recoge este mismo argumento de Adams cuando dice que los elementos psicológicos tienen una importancia especial en el momento de redactar el texto, la planificación de la campaña y la colocación del anuncio (53). Esto lo lleva a pensar en la publicidad como un proceso educativo, un proceso que sirve para establecer nuevos hábitos de compra y de consumo, crear nuevas necesidades o proveer a las viejas de un sentido nuevo (56).

La desterritorialización que desde la lengua marcó el discurso publicitario constituyó el arma política más dinámica de la modernidad. El canon publicitario logró un nuevo territorio para la lengua impulsado desde los centros universitarios. Legitimó, además, un discurso cuya articulación fusionó la publicidad con la opinión pública.

Tipper es quien mejor describe la fusión entre publicidad y opinión pública. Para él la publicidad y la opinión pública son la misma cosa:

> La fuerza de la publicidad o el desarrollo de la opinión pública es lo suficientemente fuerte para quedarse corta en producir efectos maravillosos. Todos los desarrollos rápidos de nuestra civilización junto a la producción tecnológica durante los últimos cien años han tenido que rendirle tributo al papel que ha jugado esta fuerza... Intentar definir tal fuerza y su utilización en el comercio es fútil mientras sus limitaciones no se entiendan mejor y hayan sido trabajadas. No podemos ir más allá de decir que es la utilización de la fuerza de la publicidad para la venta de mercancías o servicios, aumentando el conocimiento y el deseo del público por aquello que se especifica (8).

Nos encontramos ante una estructura discursiva que institucionaliza la movilización de las masas hacia la cultura de mercado. Al leer el canon publicitario queda claro que estos autores reconocen en la publicidad el dispositivo que permite la racionalización del espacio público. Adams dice que es prácticamente imposible trazar una línea demarcadora entre ***advertising and publicity*** (1). French, quien ata la publicidad a todos los procesos de la modernidad, como mostramos al estudiar su ***Apología***, dice que "cuando se utiliza con destreza, tiene tal poder sobre la gente (***the people***) que ningún otro elemento del comercio o de la vida social tiene, y que, además, puede ser utilizada como uno de los grandes promotores de la civilización (11). Nos encontramos ante una producción textual que interpela al público desde sus emociones y sentimientos particulares para conectarlo con una urgencia política, la de "engendrar una nueva variedad de hombre" (French 97).

Este manejo del discurso publicitario lo muestra como un dipositivo generador de representaciones colectivas. No sorprende que en todo momento se refieran a la publicidad como ***una fuerza***, ya que ven en ella un agente para formar o constituir la opinión pública. Las personas privadas son vistas en calidad de público garantizador del libre tráfico e intercambio de mercancías. En este sentido la institución publicitaria, según la describe el canon, racionalizó la esfera pública de tal forma que legitimó desde la esfera cultural la complicidad entre el Estado y el mercado. Esto sirvió de fundamento para lo que serían las nuevas normas de consumo que, como reacción a la crisis del sistema capitalista de la década de los treinta, el Estado gestionó siguiendo la propuesta económica de Keynes.

Habermas (1987) señala que:

> La racionalización de la cultura sólo se torna empíricamente eficaz cuando se convierte en racionalización de las orientaciones de acción y de los órdenes de la vida social. El saber acumulado en la cultura se transforma en formas de vida de los individuos y de los grupos, de un lado, y en formas de vida social (o en esferas de la vida, en órdenes de la vida...), de otro (251).

A partir de la propuesta del canon, el discurso publicitario regulará los órdenes de la vida social mediante la racionalización de representaciones colectivas de satisfacción de intereses materiales e ideales que permitan la apropiación de la mercancía. "Los intereses sólo pueden ser satisfechos de modo estable a través de normas de comercio y trato social si se unen con ideas de justificación; y, a su vez, las ideas sólo pueden imponerse empíricamente si se alían con intereses que las doten de fuerza" (251-252).

El uso que de lo público hace el canon está inscrito en una contradicción que no queda resuelta en niguno de los textos. Estos autores descansan en un orden social que establece una clara demarcación entre el Estado y una economía de mercado privado. Sin embargo, la propuesta que ellos hacen de un discurso publicitario reconoce la fragmentación del público en diversos grupos de interés que compiten entre sí. Ahora, este reconocimiento se da desde una perspectiva normativa cuyo interés es establecer unas normas que mantengan estable el comercio. Ninguno de los autores ofrece una descripción tan clara de la publicidad como dispositivo socializador como French:

> La publicidad... es un ente que opera como un medio en donde se unen los variados elementos que están trabajando para empujar al mundo a un plano más alto; como un compuesto químico, produce la amalgama de esa civilización que soñamos y esperamos. Neutraliza la acidez del hombre de negocios, y estimula al hombre a la religión. Es un cristal a través del cual todos los hombres ven las cosas iguales. Es un *melting-pot* de ideas de la actualidad —similares, aunque conflictivas— que las mezcla en un compuesto que proveerá con una nueva nota al progreso de la humanidad (40).

El discurso mesiánico de French se inscribe en ese discurso de la religión que, con la modernidad, se descentra hacia diversas ramas de la cultura, incluyendo la ciencia y la tecnología. Al analizar el concepto de racionalidad en Weber, nos señala Habermas (1987) que "podemos distinguir dos grandes hornadas de racionalización" (227). La primera responde a la racionalización de las imágenes del mundo y la segunda a la racionalización religiosa, es decir, a la transformación de la racionalización cultural en una racionalización social. Según Habermas, Weber tiene que aclarar los aspectos estructurales del derecho y la moral, en cuanto que son éstos los que hacen posible respectivamente:

> a) la organización de la dominación legal y las relaciones de derecho privado entre sujetos que actúan estratégicamente, y
> b) los que crean la motivación intrínseca para un modo metódico de vida, orientado conforme a un trabajo disciplinado y constante (227).

Con esto en mente, podemos decir que el canon publicitario asume un papel político al postular una teoría de la socialización basada en los postulados de la psicología funcional, tal y como fue discutido en el capítulo anterior. Estos textos fundacionales legitimaron el papel que desempeña la publicidad dentro de la modernidad para conformar las representaciones colectivas de la sociedad. Con el devenir de unas estructuras psicosociales, el discurso publicitario aportó, con su apropiación del discurso religioso, una visión totalizadora de la racionalización de la sociedad y aportó las estructuras de las imágenes del mundo que han servido para estabilizar los mercados. En cuanto a este último aspecto, me sirvo de la lectura que de la obra de Weber hace Habermas (1987), el cual tematiza, a la vez que problematiza, los determinantes externos de los contenidos de las imágenes del mundo de la siguiente manera: "en qué capas sociales se acepta una nueva imagen del mundo y en qué ámbitos afecta esa aceptación, y en qué medida esa nueva visión del mundo opera empíricamente orientando la acción cotidiana" (262).

7. Desacralización modernista

ITE, MISSA EST
Rubén Darío

Yo adoro a una sonámbula con alma de Eloísa,
virgen como la nieve y honda como la mar;
su espíritu es la hostia de mi amorosa misa,
y alzo al son de una dulce lira crepuscular.

Ojos de evocadora, gesto de profetisa,
en ella hay la sagrada frecuencia del altar:
su risa es la sonrisa suave de Monna Lisa;
sus labios son los únicos labios para besar.

Y he de besarla un día con rojo beso ardiente;
apoyada en mi brazo como convaleciente
me mirará asombrada con íntimo pavor;

la enamorada esfinge quedará estupefacta;
apagaré la llama de la vestal intacta
¡y la faunesa antigua me rugirá de amor!

Este proceso de racionalización de las estructuras y de los contenidos de las imágenes del mundo, que Habermas estudia a partir del análisis propuesto por Weber, de la cosmovisión desacralizada de la modernidad europea, no nos ofrece todas las claves para entender la apropiación que del discurso religioso hizo la publicidad. Habermas (1987) nos señala en su lectura de Weber que la integración social específica de la sociedad moderna se dio en el ámbito europeo a partir del proceso de realización de valores resultado de la racionalización religiosa. Esto quiere decir que las estructuras de la ética de la intención, la cuales elevan la acción racional arreglada por medio de valores volcados hacia un principio rector del comportamiento intramundano, y determinan la manera de vida de anchas capas sociales, pueden servir al anclaje motivacional de la acción económica racional con arreglo a fines (263-265).

Sin embargo, estos conceptos acerca de la experiencia de la racionalización europea de la modernidad, tan trabajados por Durkheim y Weber, y elaborados por Habermas en su trabajo sobre la acción comunicativa, no nos permiten explicar la forma en que las instituciones estadounidenses articulan un discurso religioso fundamentado en una concepción mesiánica de la historia. Los estudios que intentan dar respuesta a esta concepción mesiánica de los estadounidenses van desde los trabajos publicados por Moorhouse F. X. Millar entre las décadas de los veinte a los cuarenta hasta el reciente estudio de Segal (1985) *Technological utopianism in American Culture*. Millar observa que ni las tradiciones políticas, ni la educación, ni aun los escritos de los *Founding Fathers* de los estadounidenses desmuestran que su experimento fundacional fuera producto exclusivo de las ideologías liberales o racionalistas (Laguna Díaz 54). Para Millar, el pensamiento de los textos fundacionales estadounidenses deriva de las teorías defendidas por los Whigs en Inglaterra. Millar coloca la tradición proveniente del racionalismo y de la ilustración en último lugar y señala como ejes socio-políticos más importantes de la estructuración de Estados Unidos los siguientes: 1) la tradición cristiano medieval inglesa, médula del movimiento Whig; 2) las actitudes y convicciones generadas por la ética protestante, pero sólo en cuanto ésta sigue el concepto de Estado y de sociedad calvinista; y 3) la difusión de los postulados de la Escuela Escocesa del *Common Sense* (66). El interés de estos trabajos de Millar estriba en que provee de una explicación a la manera tan justificada en que se da la desigualdad social en Estados Unidos y la manera tan acomodaticia en que se interpretan los derechos de los ciudadanos en ese país.

Por otro lado, Segal (1985) ubica las raíces del utopismo tecnológico estadounidense en los textos de los pensadores pansofistas del siglo XVI, concretamente en Francis Bacon (*The New Atlantis*, 1627) y Johann Andreae (*Christianopolis*, 1619). Al contrario de los pensadores europeos, los ideólogos estadounidenses veían a su país como:

> una probable, no simplemente potencial, utopía; y esta utopía se iba a lograr primordialmente a través de las transformaciones tecnológicas en vez de mediante una combinación de transformaciones políticas, económicas, sociales y tecnológicas. Para ellos el progreso tecnológico equivalía al progreso en sí mismo...y modelaron su utopía a partir de las máquinas y estructuras que hacían tal progreso tecnológico probable (74-75).

La noción de *fuerza* es una de las imágenes más utilizadas por el canon para describir la publicidad, al igual que lo son la electricidad y el vapor. Miller (1965) muestra como para 1850 el avance misionero estadounidense estaba asociado metafóricamente al desarrollo industrial de las máquinas de vapor y a la electricidad.

> Puede que los predicadores todavía insistiesen en que las mejoras espirituales y morales eran más importantes que los canales y los ferrocarriles, sin embargo, ya para 1848 estaban tan acostumbrados a la revolución tecnológica que el lenguaje piadoso cambió de establecer contrastes a hacer analogías. Cada vez más y más, hasta el punto de caer en la repetición, los oradores identificaban sus misiones con la escena de la gran actividad industrial (52).

La propuesta del canon publicitario, su forma de incorporar el discurso religioso, no estuvo reñida con la propuesta política estadounidense basada en la doble predestinación calvinista de pueblo escogido y reino del dios de la tradición cristiana, junto a la utopía tecnológica que permitiera la supervivencia del más apto, según el darwinismo social. El libro de Roland Marchand, *Advertising the American Dream: Making Way For Modernity, 1920-1940*

(1985), se inscribe dentro de esta tradición y describe al publicista como un "Apóstol de la Modernidad". Marchand considera que el agente publicitario sirvió de impulso al proceso de la modernización económica estadounidense (1). El libro de Marchand sirve para mostrar cuán efectiva fue la propuesta cultural del canon publicitario.

> Las invenciones científicas y los avances tecnológicos nutrieron las expectativas de cambio y la forma de organizar la continua innovación que caracteriza la sociedad moderna. Pero los inventos y su uso tecnológico tuvieron un impacto dinámico sólo cuando la gran masa de las personas supo de sus beneficios; los integraron a sus vidas y comenzaron a desear más productos nuevos. Las nuevas tecnologías requirieron de sus heraldos, los publicistas afirmaron esto. Los estilos y formas de vida modernos necesitaron sus misioneros. Los agentes publicitarios fueron los pregoneros de la modernidad. Trajeron las buenas nuevas del progreso (1).

La euforia tecnologicista con la que este autor describe el papel de la publicidad, tan recientemente como en 1985, muestra la manera en que ésta se inscribió dentro de los discursos fundacionales de la nación estadounidense. Como fuerza política, el discurso publicitario adquirió un valor colectivo para hacer avanzar los procesos de eficiencia, especialización y racionalización, que según Marchand hicieron que Estados Unidos emergiera como "la sociedad más moderna del mundo" (2). En palabras de este autor, "la publicidad contribuyó a moldear una comunidad discursiva, un integrador lenguaje común compartido por un auditorio diverso" (xx). Añade que:

> lo que hizo a la publicidad "moderna" fue, irónicamente, el descubrimiento por parte de estos "apóstoles de la modernidad" de técnicas que los identificaran emocionalmente con la desigual aceptación que de la modernidad tenía el público, con su resistencia a la racionalización perfecta y a la burocratización de la vida (13).

8. Oficialidad cultural estadounidense. 1898-1915 Mesianismo imperial

PROCLAMA DEL GENERAL NELSON A. MILES
COMANDANTE EN JEFE DEL EJÉRCITO ESTADOUNIDENSE
28 de julio de 1898
PONCE, PUERTO RICO

Como consecuencia de la guerra que trae empeñada contra España el pueblo de los Estados Unidos por causa de la Libertad, de la Justicia y de la Humanidad, sus fuerzas militares han venido a ocupar la Isla de Puerto Rico...Os traen ellas el apoyo armado de una nación de pueblo libre, cuyo gran poderío descansa en su justicia y humanidad para todos aquéllos que viven bajo su protección y amparo. Por esta razón, el primer efecto de esta ocupación será el cambio inmediato de vuestras antiguas formas políticas, esperando, pues, que aceptéis con júbilo el Gobierno de los Estados Unidos ... No hemos venido a hacer la guerra contra el pueblo de un país que ha estado durante algunos siglos oprimido, sino, por el contrario, a traeros protección, no solamente a vosotros sino también a vuestras propiedades, promoviendo vuestra prosperidad y derramando sobre vosotros las garantías y bendiciones de las instituciones liberales de nuestro Gobierno.

(Citado en la *Historia de Puerto Rico*
de Paul G. Miller, 1922)

EDITORIAL, *THE NEW YORK TIMES*
11 de julio de 1898

There is no reason why [Puerto Rico] should not become a veritable garden of the tropics and an especially charming winter resort for the denizens of the North... We need it as a station in the great American archipelago misnamed the West Indies, and Providence has decreed it shall be ours as a recompense for smiting the last withering clutch of Spain from the domain which Columbus brought to light and the fairest part of which has long been our own heritage.

UNMANIFEST DESTINY (1898)
(Fragmento)
Richard Hovey

There is a hand that bends our deeds
To mightier issues than we planned;
Each son that triumphs, each that bleeds,
My country serves Its dark command.

I do not know beneath what sky
Nor on what seas shall be thy fate;
I only know it shall be high,
I only know it shall be great.

GENERAL WILLIAM BOOTH ENTERS INTO HEAVEN (1913)
(Fragmento)
Vachel Lindsay

To be sung to the tune of *The Blood of the Lamb* with indicated instruments

[Bass drum beaten loudly]

Booth led boldly with his big bass drum,
Are you washed in the blood of the Lamb?
The saints smiled gravely, and they said,
"He's come."
Are you washed in the blood of the Lamb?
Walking lepers followed, rank on rank,
Lurching bravos from the ditches dank,
Drabs from the alleyways and drugfiends pale-
Minds still passion-ridden, soul-powers frail!
Vermin-eaten saints with moldy breath,
Unwashed legions with the ways of death-
Are you washed in the blood of the Lamb?...

[Sweet flute music]

Round and round the mighty Courthouse square.
Yet in an instant all that blear review
Marched on spotless, clad in raiment new.
The lame were straightened, withered limbs uncurled,
And blind eyes opened on a new sweet world...

[Grand chorus of all instruments.
Tambourines to the foreground]

Oh, shout Salvation!...
Are you washed in the blood of the Lamb?

Es dentro de esta concepción mesiánica de la nación estadounidense donde el canon publicitario se inscribió como parte de un proyecto cultural que impulsó el control social mediante un aparato de racionalización científica cuyo soporte provino de la lectura que hicieron los ideólogos de esa nación de las ideas calvinistas. A diferencia de lo que encontramos en Europa, en donde la modernidad, según se presenta en Weber y Durkheim, dislocó las estructuras tradicionales cognoscitivas proponiendo una cosmovisión desacralizada de un mundo desencantado, como tan excelentemente lo describe Marshall Berman en su libro *Todo lo sólido se desvance en el aire*, en Estados Unidos la religión se instauró como un espacio utópico por el cual transitaron los ideólogos que construyeron ese imaginario de la nación estadounidense y continúan transitando sus dirigentes actuales. El desencanto europeo se tradujo en euforia en Estados Unidos. Muy bien describe Berman esta euforia al hablar de su "propio entorno moderno —la ciudad de Nueva York—":

> Buena parte de la construcción y el desarrollo de Nueva York durante el siglo pasado debe ser visto como una acción y comunicación simbólica: no ha sido concebida y ejecutada simplemente para satisfacer unas necesidades políticas y económicas inmediatas, sino -lo que al menos es igual de importante- para demostrar al mundo entero lo que pueden construir los hombres modernos y cómo puede ser imaginada y vivida la vida moderna (302).

A partir de este espacio utópico que las formaciones religiosas brindaron a los ideólogos estadounidenses, el discurso publicitario rechazó la enunciación individualizada y dio paso a una enunciación colectiva, la de la opinión pública (Tipper 8).

> El escritor publicitario tiene que olvidarse del estilo, tiene que olvidarse de sí, tiene que pensar en aquellos lectores a quienes quiere llegar, encontrar las ideas que llamarán su atención, las emociones que pueden ser despertadas, el lenguaje que puedan entender, y la acción que se les pueda inducir a tomar (150).

Es desde este sentido colectivo desde donde el discurso publicitario asume una postura política. El canon publicitario descentró la producción enunciativa basada en el concepto del autor individual. Como he mostrado en el diagrama estructural del discurso publicitario, éste presenta una estructura fragmentada, cuyo centro es imposible de señalar. Esta fragmentación permitió la despersonalización del "escritor publicitario". El canon se encargó de producir un ejército de escritores, cuya relación con el público los llevó a representar a la comunidad imaginaria en la que ambos conviven en función del bienestar común.

Estos textos fundacionales legitimaron un discurso que fue la culminación del proyecto cultural de Dewey. El sentido disciplinar, la domesticación de los sujetos sociales propuestos por Dewey, apoyándose en la reconciliación entre las creencias religiosas y el pensamiento racional científico del movimiento modernista del protestantismo finisecular estadounidense, hizo del discurso publicitario un agente de formación moral y ética de la racionalidad del capitalismo moderno.

9. Racionalismo y tiempos modernos

—Quelle bizarre époque! reprit Durtal, en le reconduisant. C'est juste au moment où le positivisme bat son plein, que le mysticisme s'eveille et que le folies de l'occulte commencent.

—Mais il en a toujours été ainsi; les queues de siècle se ressemblent. Toutes vacillent et sont troubles. Alors que le matérialisme sévit, la magie se lève. Ce phénomè reparaît, tous les cent ans. Pour ne pas remonter plus haut, vois le déclin du dernier siècle. A côté des rationnalistes et des athées, tu trouves Saint Germain, Cagliostro, Saint Martin, Gabalis, Cazotte, les Sociétés des Rose-Croix, les cercles infernaux, comme maintent! —Sur ce, adieu, bonne soirée et bonne chance.

—Ouis, mais se dit Durtal, en refermant la porte, les Cagliostro avaient au moins une certaine allure et probablement aussi une certaine science, tandis que les mages de ce temps, quels aliborons et quels camelots!

Là-Bas
J.K. Huysmans (1891).

LA COLECTIVIDAD FUE interpelada mediante una enunciación colectiva hecha posible por las transformaciones que se habían operado en la narrativa. El discurso publicitario se fundamenta en una retórica basada en una doble economía. Primeramente, se orienta hacia un afuera, el público-lo público. Desde esta perspectiva, guarda un estrecho vínculo con lo político, que se logró a través de la problematización de los códigos de comportamiento y la subjetividad humana, permitiendo la marginalización de aquellas formas de conducta a partir de las cuales la esfera pública de "la modernidad" burguesa delimitó su territorio.

El canon publicitario definió un conjunto de necesidades y de instintos intrínsecos a "la comunidad". Según Tipper:

> Con el progreso de la civilización estas necesidades y deseos de los hombres y las mujeres se han hecho más refinados y altamente elaborados... El ser humano muestra unos instintos que pueden ser dirigidos hacia nuevos objetos y situaciones, y las necesidades y respuestas originales pueden ser modificadas, elaboradas, añadidas y, de cualquier forma, modificadas mediante la educación, el pedido, el ruego, la argumentación y la experiencia... Todas estas necesidades se manifiestan en la conducta mediante la acción... La publicidad puede concebirse primordialmente como el arte de presentar efectivamente una mercancía de tal forma que detone, atienda o satisfaga una de estas necesidades... En general, los instintos humanos y aquellas emociones que guardan correlación con ellos, pueden agruparse en tres, según su función y grado de sujeción...: a) instintos individuales, b) instintos sociales, c) instintos raciales (69-78).

La problematización que hace el canon publicitario de los instintos y las necesidades humanas está atada a una economía de mercado cuya moral y ética responden a las prácticas sociales propuestas por las transformaciones impuestas por el capitalismo en las formas de experimentar el tiempo y el espacio. Este sentido colectivo que se adscribe a la publicidad se reduce a reproducir un acto o una serie de actos adscritos a una regla, ley o valor que constituyen el espacio de la oficialidad normativa. Es así como el discurso publicitario provee para la formación de un "sujeto ético" que actúe sobre sí y mediante la acción establezca los límites que lo constituyen como un sujeto "moral".

La narrativa publicitaria proveyó con sus códigos narrativos las imágenes sobre las cuales este sujeto ético de la modernidad tenía que actuar para convertirse en un sujeto moral. Estos códigos narrativos, inscritos en una larga trayectoria, como señalé en el primer capítulo, fueron atravesados y legitimados a partir de la racionalización científica que se llevó a cabo de la producción textual. Estas transformaciones narrativas nos llevan a la segunda economía que fundamenta la retórica del discurso publicitario. Estamos ante una estructura discursiva que propone una economía inscrita, desde lo político, en el manejo y el uso de lo público, a la vez que propone una reducción, tanto del espacio textual como del tiempo y el espacio de la lectura, mediante la racionalización científica.

La publicidad, al igual que la narrativa europea que se desarrolló a partir del siglo diecisiete, quiso fijar unas fronteras, establecer unos lugares comunes y describir geográficamente, a la vez que, utilizó personajes, formas de hablar y temas propios del nuevo orden económico. Fue así como el discurso publicitario incorporó la espacialización temporal del "héroe" de las propuestas narrativas descritas por Bajtín. Las cualidades del texto publicitario que describe Tipper nos muestran este interés por la espacialización temporal de la producción y de la recepción textual: "El texto publicitario tiene que reducir la atención del lector; esto es, su tiempo y esfuerzo mental" (157). Se legitimó la compresión del tiempo de la producción textual, del espacio de su representación, y del tiempo y del espacio de su lectura. "No importa cuán pequeño sea el espacio, tiene que encontrarse lugar para decir algo específico y definido" (160).

***

El nuevo tiempo y el nuevo espacio articulados desde el discurso publicitario respondieron a los "tiempos modernos". Los autores del canon publicitario pensaron que la publiciad serviría para establecer el equilibrio de un orden social basado en la crisis continua del capitalismo. Roland S. Vaile comentó en 1927: "Advertising typifies the dynamic personality of the American business men; *it is America at its best and at its worst*" (175). Esta última frase de Vaile, la publicidad "es Estados Unidos en su mejor y en su peor momento", nos resume el papel determinante que la publicidad desempeñó en la puesta en marcha del proyecto cultural del capitalismo burgués, pensado este proyecto cultural a partir de la manera en que fue articulado y legitimado desde los supuestos fundacionales de la nación estadounidense. Sin embargo, no es fácil pensar la publicidad en cuanto un espacio hegemónico localizable.

El canon articuló una estructura discursiva caracterizada por la pluralidad y la fragmentación. El objeto de este discurso, la mercancía, la hace moverse continuamente hacia una dispersión controlada por la regularidad de las identidades de los sujetos en donde se inscribe. Es dentro de este espacio donde la publicidad se constituye en discurso hegemónico de la modernidad, capaz de reorientar la experiencia semiótica que permite el funcionamiento de los sujetos sociales durante las diversas fases del capitalismo.

10. Máximas publicitarias. Hacia una retórica ingenua.

EL POST-CANON

(Tomadas del libro *Economics of advertising* de Roland S. Valle, 1927).

The World War shattered many ideals. If, at the same time, it has caused us to see life's problems more clearly and with less aberration, its horrors and its wastes are in some measure compensated. Progress implies at least the possession of power. But power may obviously be used as strikingly in destruction as in construction. Power is not and end; it is a means to an end. The greater the power, the greater becomes the need for restraint, control, direction. The more powerful an explosive gas, the stronger must be the container and the greater the havoc if the container bursts.

It is so with advertising. Admittedly a thing of power, the really important questions concern its control. How completely is it in leash, by whom and for what ends? Is it, on the whole, used constructively or destructively/ How does it relate to progress? (150)

1. La publicidad busca aumentar la productividad del consumidor para que éste compre más.

2. El publicista se suscribe a la teoría de que el alto estándar de vida estimula el progreso; a esto se deben sus constantes esfuerzos por manipular los deseos de los consumidores.

3. La publicidad no es una fuerza que sirva para la venta de bienes sino para la manipulación de las ideas.

Referencias Bibliográficas

Adams, Henry Foster. *Advertising and its Mental Laws*. 1916. New York: Garland Publishing, 1985.

Altschull, J. Herbert. *Agents of Power: The Role of the News Media in Human Affairs*. New York: Longman, 1984.

Aronowitz, Stanley y Henry A. Giroux. *Postmodern Education: Politics, Culture, & Social Criticism*. Minneapolis: University of Minnesota Press, 1991.

Bajtín, Mijail. *The Dialogic Imagination*. Trads. Caryl Emerson y Michael Holquist. Austin: University of Texas Press, 1981.

______. *Estética de la creación verbal*. Trad. Tatiana Bubnova. México: Siglo XXI, 1982.

Bajtín, Mijail y P.N. Medvedev. *The Formal Method in Literary* Scholarship: A Critical Introduction to Sociological Poetics. 1928. Trad. Albert J. Wehrle. Baltimore: Johns Hopkins University Press, 1978.

Barthes, Roland. *Writing Degree Zero*. New York: Hill & Wang, 1967.

Baudrillard, Jean. "Publicidad absoluta, publicidad cero". *Revista de Occidente* 92 (enero, 1989): 5-16.

______. *Le systeme des objects*. París: Editions Gallimar, 1968.

______. *Crítica de la economía política del signo*. Trad. Aurelio Garzón del Camino. 2da. edic. México: Siglo XXI, 1977.

______. "La moral de los objetos: función- signo y lógica de clase", *Comunicaciones/Los objetos*. Trad. Silvia Delpi. 2da. edic. Buenos Aires: Editorial Tiempo Contemporáneo, 1974.

Benjamin, Walter. *Discursos interrumpidos I*. Trad. Jesús Aguirre. Madrid: Taurus, 1973.

Berman, Marshall. *Todo lo sólido se desvanece en el aire*. Trad. Andrea Morales Vidal. 2da. edic. México: Siglo XXI, 1989.

Bloom, Allan. *The Closing of the American Mind*. New York: Simon and Schuster, 1987.

Bourdieu, Pierre. *Distinction: A Social Critique of the Judgement of Taste*. Trad. Richard Nice. Cambridge: Harvard University Press, 1984.

Boynton, Percy H. *A History of American Literature*. Boston: Ginn and Company, 1919.

Bürger, Peter. *Theory of the Avant-Garde*. Trad. Michael Shaw. Minneapolis: University of Minnesota Press, 1984.

Calkins, Earnest Elmo y Ralph Holden. *Modern Advertising*. New York: D. Appleton & Co., 1905.

Calkins, Earnest Elmo. *The Business of Advertising*. New York: D. Appleton & Co., 1916.

Carey, Alex. "Reshaping the Truth: Pragmatists and Propagandists in America", *American Media and Mass Culture: Left Perspectives*. Ed. Donald Lazere. Berkeley: University of California Press, 1987.

Cassirer, Ernst. *The Philosophy of the Enlightnment*. 1932. Trads. Fritz C. A. Koelln y James P. Pettergrove. Princeton: Princeton University Press, 1968.

Castoriadis, Cornelius. "Lo imaginario: la creación en el dominio histórico social". 1981. en *Los dominios del hombre: las encrucijadas del laberinto*. Trad. Alberto L. Bixio. Barcelona: Editorial Gedisa, 1988.

Certeau, Michel de. *The Practice of Everyday Life*. Trad. Steven F. Rendall. Berkeley: University of California Press, 1984.

Coriat, Benjamin. *El taller y el cronómetro: ensayo sobre el taylorismo, el fordismo y la producción en masa*. Trad. Juan Miguel Figueroa Pérez. México: Siglo XXI, 1982.

Davis, Lennard J. *Resisting Novels: Ideology and Fiction*. London: Methuen, 1987.

Deleuze, Gilles, Félix Guattari. *Kafka: por una literatura menor*. Trad. Jorge Aguilar Mora. México: Ediciones Era, 1978.

Dewey, John. *Art as Experience*. 1934. New York: Paragon Books, 1979.

______. *Philosophy, Psychology and Social Practice*. Ed. Joseph Ratner. New York: G.P. Putnam's Sons, 1963.

______. *German Philosophy and Politics*. New York: HenryHolt and Company, 1915.

______. *Leibniz's New Essays on Human Understanding*. 1888. New York: Hillary House Publishers, 1961.

Dilthey, Wilheim. *De Leibniz a Goethe*. 1914. Trads. José Gaos, *et al*. México: Fondo de Cultura Económica, 1945.

Dyer, Gillian. *Advertising as Communication*. London: Methuen, 1982.

Eagleton, Terry. *The Ideology of the Aesthetics*. London: Basil Blackwell, 1990.

Foucault, Michel. *Historia de la sexualidad: la voluntad de saber*. Trad. Ulises Guiñazú. México: Siglo XXI, 1977.

______. *Las palabras y las cosas*. Trad. Elsa Cecilia Frost. México: Siglo XXI, 1968.

______. *Language, Counter-Memory, Practice: Selected Essays and Interviews*. Ed. Donald Bouchard. Ithaca: Cornell University Press, 1980.

French, George. *Advertising: The Social and Economic Problem*. 1915. New York: Garland Publishing, 1985.

Habermas, Jürgen. *Historia y crítica de la opinión pública*. 1962. Trads. Antonio Doménech y Rafael Grassa. 3ra. edic. México: Gustavo Gili, 1986.

______. "La modernidad: un proyecto inacabado", *Ensayos Políticos*. Trad. Ramón García Cotarelo. Barcelona: Ediciones Península, 1988.

______. *Teoría de la acción comunicativa I: racionalidad de la acción y racionalización social*. Trad. Manuel Jiménez Redondo. Madrid: Taurus, 1987.

Harvey, David. *The Condition of Postmodernity*. London: Basil Blackwell, 1989.

Haug, W. F. *Critique of Commodity Aesthetics: Appearance, Sexuality and Advertising in Capitalist Society*. Trad. Robert Bock. 1971. Minnesota: University of Minnesota Press, 1986.

Haas, C.R. *Teoría, técnica y práctica de la publicidad*. Trad. Rosalía Vázquez. 3ra. edic. Madrid: Ediciones Rialp, 1966.

Hirsch, E.D. Jr. *Cultural Literacy: What Every American Needs to Know*. Boston: Houghton Mifflin, 1987.

Hume, David. *A Treatise of Human Nature*. 1739-1740. London: Penguin Classics, 1984.

Jameson, Frederic. *El posmodernismo o la lógica cultural del capitalismo avanzado*. Trad. José Luis Pardo Torío. Barcelona: Editorial Paidós, 1991.

Kant, Immanuel. *Crítica de la razón pura*. 1781-1787. Trads. Manuel García Morente y Manuel Fernández Núñez. 7ma. ed. México: Editorial Porrúa, 1987.

Kleppner, Otto. *Advertising Procedures*. 1925. 6ta. edic. New Jersey: Prentice Hall, 1974.

Laclau, Ernesto, Chantal Mouffe. *Hegemonía y estrategia socialista: hacia una radicalización de la democracia*. Madrid: Siglo XXI, 1987.

Laguna Días, Elpidio. "Supervivencia de la tradición Cristiano Medieval en el pensamiento político anglo-americano: la tesis de Moorehouse F. X. Millar", *Cruz Ansata: Ensayos* Universidad *Central de Bayamón*. 6 (1983): 51-76.

Lash, Scott. *Sociology of Postmodernism*. London: Routledge, 1990.

Legrenzi, Paolo, *et al*. *Historia de la psicología*. Trad. Joan. Llopis.Barcelona: Editorial Herder, 1986.

Lessing, Gotthold Ephrain. *Lacoonte o sobre las fronteras de la poesía y la pintura*. 1766. Trad. Eustaquio Barjau. Madrid: Editora Nacional, 1977.

Locke, John. *An Essay Concerning Human Understanding*. 1690. Great Books of the Western World 35. Ed. Robert Maynard Hutchins. 28ava. reimp. Chicago: Encyclopaedia Britannica, Inc., 1986.

Lozano, Jorge, *et al*. *Análisis del discurso: hacia una semiótica de la interacción textual*. Madrid: Cátedra, 1986.

Lucas, D.B. y C.E. Benson. *Psychology for Advertisers*. 1930. New York: Garland Publishing, 1985.

Lyotard, Jean François. *La condición postmoderna*. Trad. Antolín Rato. Madrid: Cátedra, 1984.

Maffesoli, Michel. "¡Exhíbite, objeto!", *Revista de Occidente*. 92 (enero, 1989): 17-22.

Mandel, Ernest. *El capitalismo tardío* . Trad. Manuel Aguilar Mora. México: Ediciones Era, 1979.

Marchán Fiz, Simón. *La estética en la cultura moderna: de la ilustración a la crisis del estructuralismo*. Barcelona: Gustavo Gili, 1982.

Martín Barbero, Jesús. *De los medios a las mediaciones: comunicación, cultura y hegemonía*. México: Gustavo Gili, 1987.

Marx, Karl y F. Engels. *Obras escogidas*. 2 vols. Madrid: Akal, 1975.

Marx, Karl. *Capital: A Critique of Political Economy*. Ed. Frederick Engels. Trad. Samuel Moore y Edward Aveling. 3 vols. New York:International Publishers Co., 1967.

Mattelart, Armand. *La publicidad*. Trad. Antonio López Ruiz. Barcelona: Paidós, 1991.

______. *La internacional publicitaria*. Trad. Gilles Multigner. Madrid: Fundesco, 1989.

McHale, Brian. *Postmodernist Fiction*. London: Methuen, 1987.

Merod, Jim. *The Political Responsability of the Critic*. Ithaca: Cornell University Press, 1987.

Miles, Dudley, *et al*. *Literature and Life: American Literature*. 3 vols. Chicago: Scott, Foresman and Company, 1936.

Miller, P. *The life of the Mind in America*. New York: Harcourt, Brace & World, 1965.

Mitchell, W. J. T. *Iconology: Image, Text, Ideology*. Chicago: University of Chicago Press, 1986.

Peninou, Georges. *Semiótica de la publicidad*. Barcelona: Gustavo Gili, 1976.

Pérez Tornero, J.M. *La semiótica de la publicidad*. Barcelona: Mitre, 1982.

Pierce, Charles S. *Semiótica*. Trad. José Teixeira Coelho Neto. 2da. edic. Sao Paulo: Editora Perspectiva, 1990.

______. *La ciencia de la semiótica*. Trad. Beatriz Bugni. Buenos Aires: Ediciones Nueva Visión, 1974.

Ramírez, Juan Antonio. *Medios de masas e historia del arte*. Madrid: Cátedra, 1976.

Rorty, Richard. *The Consequences of Pragmatism*. Minneapolis: University of Minnesota Press, 1982.

Rousseau, Jean Jacques. *El contrato social*. Trad. Mauro Armiño. 1755. 6ta. reimp. Madrid: Alianza Editorial, 1989.

Sánchez Guzmán, José Ramón. *Introducción a la teoría de la publicidad*. Madrid: Tecnos, 1979.

______. *Breve historia de la publicidad*. Madrid: Ediciones Pirámide, 1976.

Scott, W. D. *The Theory and Practice of Advertising*. Boston: Small, Maynard and Co., 1908.

Segal, H. P. *Technological Utopianism in American Culture*. Chicago: University of Chicago Press, 1985.

Tanner, William M. *Composition and Rhetoric*. Boston: Ginn and Company, 1922.

Tipper, Harry. *et al*. *Advertising: Its Principles and Practice*. 1915. New York: Garland Publishing, 1986.

Torbet, Robert G. *A History of the Baptists*. 3ra. edic. Valley Forge: The Judson Press, 1973.

Vaile, Roland S. *Economics of Advertising*. New York: The Ronald Press, Company, 1927.

Vattimo, Gianni. *La sociedad transparente*. Trad. Teresa Oñate. Barcelona: Paidós, 1990.

Wicke, Jennifer. *Adverstising Fictions: Literature, Advertisement and Social Reading*. New York: Columbia University Press, 1988.

Williamson, Judith. *Decoding Advertisement*. London: Marion Boyars, 1978.

Agradecimientos

UNA BECA DE LA Fundación Fulbright para ir como profesor/investigador visitante al programa de Post-Grado en Comunicación y Semiótica de la Pontificia Universidad Católica de São Paulo, Brasil, le permitió a Eliseo R. Colón iniciar en 1988 el desarrollo de las ideas y conceptos sobre teoría semiótica que quedan plasmados en el estudio sobre discurso publicitario que propone en este libro. Compenetrarse en toda la discusión teórica actual acerca de los procesos comunicacionales y los *mass media* fue de gran utilidad para el autor, quien desde ese año ha mantenido un continuo diálogo con estudiantes y compañeros profesores de esa institución, el cual le ha motivado gran parte de la reflexión sobre la semiótica de Charles Sanders Peirce.

Entre agosto de 1991 y el verano de 1993 un grupo de profesores y estudiantes fue convocado por el Programa de Estudios de Honor de la Universidad de Puerto Rico, Recinto de Río Piedras, para participar de un diálogo e intercambio de ideas cuyo propósito fue la redacción de una Propuesta de Bachillerato Experimental en Estudios Culturales. La lectura y discusión teórica sobre las diversas propuestas de los Estudios Culturales que llevaron cabo todos los participantes (Sylvia Álvarez Curbelo, Ángel Quintero Rivera, Marcia Quintero, Carmen I. Raffucci, Carlos Ramos, Ivelisse Rivera, María E. Rodríguez y Eliseo R. Colón) recorren muchas de las páginas de este libro.

Un grupo de compañeros universitarios y amigos leyeron el manuscrito y aportaron valiosas sugerencias: Aura López, Idsa Alegría, Rafael Torres y Luis Felipe Díaz. Sus recomendaciones fueron muy útiles para la redacción del manuscrito. Además, el autor agradece a Juan Gelpí y a Magali García Ramis por las lecturas y material bibliográfico que le proporcionaron, así como a Gonzalo Abril por el *Prólogo* del libro.

El autor realizó la redacción final del manuscrito durante el año sabático que le otorgó la Universidad de Puerto Rico, Recinto de Río Piedras, durante el año académico 1992-1993.